Ergänzungsseiten

Stand: Mai 2021

zum

AUFGABENHEFT FAHREN 2018

(Nationale und internationale Aufgaben)

Austauschhinweis:
Der Weltreiterverband (FEI) hat zum 1.1.2021 Änderungen in den internationalen Fahraufgaben vorgenommen.

Damit Ihr Aufgabenheft Fahren wieder auf dem aktuellsten Stand ist, erhalten Sie hiermit die Ergänzungsseiten zum Einheften bzw. Austauschen. Es handelt sich um die Aufgaben

FEI-Fahraufgabe Senior – Test 2* HP1
und
FEI-Fahraufgabe Senior – Test 3* HP1

Bitte die alten Seiten 99-100 und 105-106 vernichten und die neuen Seiten einheften. Die Seiten 99a, 99b, 105a und 105b wurden zusätzlich erstellt.

Druck: Mai 2021

17.	X	Rückwärtsrichten (3 m), daraus anfahren im versammelten Trab.
18.	X-I	Versammelter Trab.
	I-R	Halbe Volte rechts (20 m).
19.	R-B	Gebrauchstrab.
	B-F	Einfache Schlangenlinie, 10 m Abstand vom Hufschlag.
	F-A-D	Gebrauchstrab.
20.	D-X-G	Starker Trab.
	G	Halten. Grüßen.
		Im Gebrauchstrab die Bahn verlassen.

Gesamteindruck:

21. Fahrer
    Hilfengebung, Handhabung der Leinen und der Peitsche, Haltung auf dem Bock, Genauigkeit der Hufschlagfiguren.
    Die Note sollte die Korrektheit und die Qualität der Übergänge wiedergeben.
22. Gesamteindruck und Präsentation
    Aufmachung und Erscheinungsbild von Fahrer und Beifahrer, Korrektheit und Sauberkeit der Anspannung, Zusammenpassen und Kondition der Pferde, harmonisches Erscheinungsbild des gesamten Gespannes, Harmonie zwischen Fahrer und Pferd(en)

Abzüge gemäß LPO § 714.2

Zu erreichende Punktsumme: 220 = 100% (x Multiplikator 0,727 [bei komb. Prüfung] = 160 max. Punktsumme)

Druck: Mai 2021

FEI-Fahraufgabe Senior – Test 2* HP1

Zugelassen für Pferde und Ponys / Einspänner

National als Kl. S zugelassen**

Viereck 40 x 80 m

1.	A-X X-C-H	Gebrauchstrab. Versammelter Trab.
2.	H-S-E	Mitteltrab.
3.	 E-X X-B	Versammelter Trab. 1/2 Volte links (20 m). 1/2 Volte rechts (20 m).
4.	B-P-F F-A-K	Mitteltrab. Gebrauchstrab.
5.	K-S S-H-C-M	Gebrauchstrab, Schlangenlinie (20 m). Gebrauchstrab.
6.	M-V V-K-A-F	Starker Trab. Gebrauchstrab.
7.	F-R R-M-C	Gebrauchstrab, Schlangenlinie (20 m). Gebrauchstrab.
8.	C-H H-B	Mittelschritt. Starker Schritt.
9.	B-P P-F	Mittelschritt. Versammelter Trab.
10.	F D-F	Versammelter Trab, halbe Volte rechts (20 m). Im Arbeitstempo rechts angaloppieren, halbe Volte rechts (20 m).
11.	F-A A-L	Arbeitsgalopp rechts. Arbeitsgalopp rechts, Bogen rechts (25 m).
12.	L-X	Versammelter Trab, Bogen (15 m).
13.	X	Halten, Unbeweglichkeit (6 Sekunden).
14.	X	Rückwärtsrichten, 6 Tritte.
15.	X-I I-M	Versammelter Trab, Bogen (15 m). Versammelter Trab, 1/2 Bogen links.
16.	M-G G-M	Versammelter Trab, 1/2 Volte links (20 m). Im Arbeitstempo links angaloppieren, 1/2 Volte links (20 m).

17.	M-C-H	Arbeitsgalopp.
18.	H-F	Starker Galopp.
19.	F-A-D	Gebrauchstrab.
	D-X-G	Starker Trab.
	G	Halten, grüßen.

Gesamteindruck:

21. Fahrer
Hilfengebung, Handhabung der Leinen und der Peitsche, Haltung auf dem Bock, Genauigkeit der Hufschlagfiguren.
Die Note sollte die Korrektheit und die Qualität der Übergänge wiedergeben.
22. Gesamteindruck und Präsentation
Aufmachung und Erscheinungsbild von Fahrer und Beifahrer, Korrektheit und Sauberkeit der Anspannung, Zusammenpassen und Kondition der Pferde, harmonisches Erscheinungsbild des gesamten Gespannes, Harmonie zwischen Fahrer und Pferd(en)

Abzüge gemäß LPO § 714.2

Zu erreichende Punktsumme: 220 = 100% (x Multiplikator 0,727 [bei komb. Prüfung] = 160 max. Punktsumme)

FEI-Fahraufgabe Senior – Test 3* A HP1

Zugelassen für Pferde und Ponys in 3*-Prüfungen
für Einspänner

National als Kl. S zugelassen**

Viereck 40 x 80 m oder 40 x 100 m – Dauer: etwa 6 Minuten

1.	A-X X	Einfahren im Gebrauchstrab. Halten. Grüßen.
2.	X-C-H	Gebrauchstrab.
3.	H-S-P	Mitteltrab.
4.	P	Versammelter Trab, Volte (20 m). Leinen in einer Hand.
5.	P-F-A A-C	Versammelter Trab, Leinenführung beliebig. Gebrauchstrab, 3 Bögen Schlangenlinie entlang der Mittellinie, je 5 m Abstand; 1. Bogen A-L 30 m (25 m), 2. Bogen L-I 40 m (30 m), 3. Bogen I-C 30 m (25 m), rechts beenden.
6.	C-M-R-I	Versammelter Trab.
7.	I	Volte rechts (20 m), gefolgt von
8.	I I-S-E	Volte links (20 m), Leinen in einer Hand. Versammelter Trab, Leinenführung beliebig.
9.	E-L	Schritt.
10.	L	Halten, 8 Sekunden, Fahrer auf der Mittellinie.
11.	L	Rückwärtsrichten (3 m).
12.	L-F-A-K	Schritt.
13.	K-V V-S	Versammelter Trab. Mitteltrab.
14.	S-R R-K	Gebrauchstrab, halber Zirkel (40 m). Starker Trab.
15.	K-A-D D-X-G G	Versammelter Trab. Starker Trab. Halten. Grüßen.
		Im Gebrauchstrab die Bahn verlassen.

 Druck: Mai 2021

15.	Zwischen Mittellinie und V	Angaloppieren rechts, Zirkel (40 m) bis P, dabei Kreuzen der Mittellinie mittig zwischen X und I.
16.	P-F-A-P	Gebrauchstrab, Kehrtwendung.
	P-B	Gebrauchstrab.
17.	B-M	Einfache Schlangenlinie, Leinen in einer Hand, 15 m Abstand vom Hufschlag.
	M-C-H	Leinenführung beliebig.
18.	H	Versammelter Trab, Volte links (10 m).
	H-B	Starker Trab.
19.	B	Versammelter Trab, Volte rechts (10 m).
	B-K	Starker Trab.
20.	K-A-D	Versammelter Trab.
	D-G	Starker Trab.
	G	Halten. Grüßen.
		Im Gebrauchstrab die Bahn verlassen.

Gesamteindruck:

21. Fahrer
    Hilfengebung, Handhabung der Leinen und der Peitsche, Haltung auf dem Bock, Genauigkeit der Hufschlagfiguren.
    Die Note sollte die Korrektheit und die Qualität der Übergänge wiedergeben.
22. Gesamteindruck und Präsentation
    Aufmachung und Erscheinungsbild von Fahrer und Beifahrer, Korrektheit und Sauberkeit der Anspannung, Zusammenpassen und Kondition der Pferde, harmonisches Erscheinungsbild des gesamten Gespannes, Harmonie zwischen Fahrer und Pferd(en)

Abzüge gemäß LPO § 714.2

Zu erreichende Punktsumme: 220 = 100% (x Multiplikator 0,727 [bei komb. Prüfung] = 160 max. Punktsumme)

Druck: Mai 2021

FEI-Fahraufgabe Senior – Test 3* HP1

Zugelassen für Pferde und Ponys / Einspänner

National als Kl. S* zugelassen**

Viereck 40 x 80 m

1.	A-X X-C-M	Einfahren im versammelten Galopp. Versammelter Trab.
2.	M-X-K K-A-F	Starker Trab. Gebrauchstrab.
3.	F-B	Versammelter Trab. Schulterherein links.
4.	B B-M	Versammelter Trab, Volte links (15 m). Starker Trab.
5.	M-C-H-S	Gebrauchstrab.
6.	S-E E X	Versammelter Trab. Linksum. Halten, 8 Sekunden Unbeweglichkeit.
7.	X X-B-P	Rückwärtsrichten, 5 Tritte. Versammelter Trab.
8.	P-F-A A-K	Versammelter Trab. Gebrauchstrab.
9.	K-E	Versammelter Trab. Schulterherein rechts.
10.	E E-H H-C	Versammelter Trab, Volte rechts (15 m). Starker Trab. Versammelter Trab.
11.	C-M M-I	Starker Schritt. Starker Schritt, 1/2 Bogen.
12.	I-H	Versammelter Trab, 1/2 Bogen rechts.
13.	H H-C-M	Im versammelten Tempo rechts angaloppieren. Versammelter Galopp.
14.	M-F F-A	Starker Galopp. Versammelter Galopp.
15.	A-L L	Versammelter Galopp, Bogen rechts (25 m). Galoppwechsel über Trab (3-5 Tritte).

16.	L-B B	Versammelter Galopp links, 1/2 Bogen links. Versammelter Galopp, Volte (15 m).
17.	B-I	Versammelter Galopp, Bogen (25 m). Galoppwechsel über Trab (3-5 Tritte).
18.	I-C C	Versammelter Galopp rechts, Bogen (25 m). Versammelter Galopp, Volte rechts (15 m).
19.	C-M-R	Versammelter Trab.
20.	R-V V-K	Starker Trab. Versammelter Trab.
21.	K K-A-I	Im Arbeitstempo links angaloppieren. Arbeitsgalopp.
22.	I-G	Versammelter Trab.
23.	G	Halten, Grüßen.

Gesamteindruck:

21. Fahrer
    Hilfengebung, Handhabung der Leinen und der Peitsche, Haltung auf dem Bock, Genauigkeit der Hufschlagfiguren.
    Die Note sollte die Korrektheit und die Qualität der Übergänge wiedergeben.
22. Gesamteindruck und Präsentation
    Aufmachung und Erscheinungsbild von Fahrer und Beifahrer, Korrektheit und Sauberkeit der Anspannung, Zusammenpassen und Kondition der Pferde, harmonisches Erscheinungsbild des gesamten Gespannes, Harmonie zwischen Fahrer und Pferd(en)

Abzüge gemäß LPO § 714.2

Zu erreichende Punktsumme: 220 = 100% (x Multiplikator 0,727 [bei komb. Prüfung] = 160 max. Punktsumme)

Druck: Mai 2021

FEI-Fahraufgabe Senior – Test 3* A HP2

Zugelassen für Pferde und Ponys in 3*-Prüfungen
für Zweispänner

National als Kl. S zugelassen**

Viereck 40 x 80 m oder 40 x 100 m – Dauer: etwa 6 Minuten

1.	A-X X	Einfahren im Gebrauchstrab. Halten. Grüßen.
2.	X-C-H	Gebrauchstrab.
3.	H-S-P	Mitteltrab.
4.	P	Versammelter Trab, Volte (20 m). Leinen in einer Hand.
5.	P-F-A A-C	Versammelter Trab, Leinenführung beliebig. Gebrauchstrab, 3 Bögen Schlangenlinie entlang der Mittellinie, je 5 m Abstand; 1. Bogen A-L 30 m (25 m), 2. Bogen L-I 40 m (30 m), 3. Bogen I-C 30 m (25 m), rechts beenden.
6.	C-M-R-I	Versammelter Trab.
7.	I	Volte rechts (20 m), gefolgt von
8.	I I-S-E	Volte links (20 m), Leinen in einer Hand. Versammelter Trab, Leinenführung beliebig.
9.	E-L	Schritt.
10.	L	Halten, 8 Sekunden, Fahrer auf der Mittellinie.
11.	L	Rückwärtsrichten (3 m).
12.	L-F-A-K	Schritt.
13.	K-V V-S	Versammelter Trab. Mitteltrab.
14.	S-R R-K	Gebrauchstrab, halber Zirkel (40 m). Starker Trab.
15.	K-A-D D-X-G G	Versammelter Trab. Starker Trab. Halten. Grüßen.
		Im Gebrauchstrab die Bahn verlassen.

Druck: Mai 2021

1. Ergänzungssatz

für die Druckauflage: Oktober 2017

Aktueller Stand: Januar 2019

zum

AUFGABENHEFT FAHREN 2018

(Nationale und internationale Aufgaben)

Austauschhinweis:
Der Weltreiterverband (FEI) hat zum 1.1.2019 Änderungen in den internationalen Fahraufgaben vorgenommen.

Damit Ihr Aufgabenheft Fahren wieder auf dem aktuellsten Stand ist, haben wir die Änderungen in die entsprechenden Seiten eingearbeitet, sodass Sie diese austauschen können.

Zusätzlich haben wir einen Aufkleber mitgedruckt damit Sie sofort erkennen können, dass Ihr Aufgabenheft Fahren 2018 wieder auf dem aktuellsten Stand (Januar 2019) ist. Kleben Sie diesen Aufkleber bitte auf Ihren Ringbuch-Ordner.

Bitte die alten Seiten 1, 2, 87-122, 131-136 vernichten und die neuen Seiten einheften. Die Seiten 135a und 135b wurden zusätzlich erstellt.

Druck: März 2019

INHALTSVERZEICHNIS

 Druck: März 2019

13.	S-E	Gebrauchstrab.
	E-F	Schritt.
14.	F-A-K	Gebrauchstrab.
	K-X-M	Mitteltrab.
15.	M-C-H-E	Gebrauchstrab.
	E-B	Halber Zirkel links, dabei Leinen aus der Hand kauen lassen.
16.	B-X	Gebrauchstrab, halbe Volte links (20 m).
	X-F-A-D	Gebrauchstrab.
17.	D-G	Mitteltrab.
18.	G	Halten. Grüßen.
		Im Gebrauchstrab die Bahn verlassen.

Gesamteindruck:

19. Fahrer
Hilfengebung, Handhabung der Leinen und der Peitsche, Haltung auf dem Bock, Genauigkeit der Hufschlagfiguren.
Die Note sollte die Korrektheit und die Qualität der Übergänge wiedergeben.
20. Gesamteindruck und Präsentation
Aufmachung und Erscheinungsbild von Fahrer und Beifahrer, Korrektheit und Sauberkeit der Anspannung, Zusammenpassen und Kondition der Pferde, harmonisches Erscheinungsbild des gesamten Gespannes, Harmonie zwischen Fahrer und Pferd(en)

Abzüge gemäß LPO § 714.2

Zu erreichende Punktsumme: 200 = 100% (x Multiplikator 0,80 bei komb. Prüfungen] = 160 max. Punktsumme)

Druck: März 2019

FEI-Fahraufgabe Junioren und Junge Fahrer
(bisher Test 4 A)

Zugelassen für Pferde- und Pony-Einspänner und für Pony-Zweispänner

National als Kl. S* zugelassen

Viereck 40 x 80 m oder 40 x 100 m – Dauer: etwa 9 Minuten

1.	A	Einfahren im Gebrauchstrab.
	X	Halten. Grüßen.
2.	X-C-M-B	Gebrauchstrab.
3.	B-X	Halbe Volte rechts (20 m).
	X-M	Gebrauchstrab.
4.	M-C-H-E	Gebrauchstrab.
5.	E-X	Halbe Volte links (20 m).
	X-H-C-M-R	Gebrauchstrab.
6.	R-X-V	Starker Trab.
	V-K-A-D	Gebrauchstrab.
7.	D	Versammelter Trab.
	D-K-D	Volte links (20 m) gefolgt von
8.	D-F-D	Volte rechts (20 m).
9.	D-X	Schritt.
10.	X	Halten, 10 Sekunden Unbeweglichkeit.
11.	X	Rückwärtsrichten (3 m).
12.	X-G-C-M-R	Gebrauchstrab.
13.	R-B-X-E-V	Schritt.
14.	V-K-A-F-P	Gebrauchstrab.
15.	P-X-S	Starker Trab.
16.	S-H-C	Gebrauchstrab.
	C-A	Schlangenlinien durch die Bahn, 3 Bögen.
	A-D	Gebrauchstrab.
17.	D-X-I	Starker Trab.
18.	I-G	Gebrauchstrab.
	G	Übergang zum Halten, grüßen.
		Im Gebrauchstrab die Bahn verlassen.

Druck: März 2019

Gesamteindruck:

19. Fahrer
    Hilfengebung, Handhabung der Leinen und der Peitsche, Haltung auf dem Bock, Genauigkeit der Hufschlagfiguren.
    Die Note sollte die Korrektheit und die Qualität der Übergänge wiedergeben.
20. Gesamteindruck und Präsentation
    Aufmachung und Erscheinungsbild von Fahrer und Beifahrer, Korrektheit und Sauberkeit der Anspannung, Zusammenpassen und Kondition der Pferde, harmonisches Erscheinungsbild des gesamten Gespannes, Harmonie zwischen Fahrer und Pferd(en)

Abzüge gemäß LPO § 714.2

Zu erreichende Punktsumme: 200 = 100% (x Multiplikator 0,80 [bei komb. Prüfung] = 160 max. Punktsumme)

Druck: März 2019

FEI-Fahraufgabe Senior – Test 1* A

Zugelassen für Pferde und Ponys in 1*-Prüfungen
für Ein-, Zwei- und Vierspänner

National als Kl. M* zugelassen

Viereck 40 x 80 oder 40 x 100 m (Maße der Bögen 25 m) –
Dauer: etwa 7 Minuten

1.	A-X X	Einfahren im Gebrauchstrab. Halten. Grüßen.
2.	X-C-M-R	Gebrauchstrab.
3.	R	Versammelter Trab, Volte (20 m), Leinen in einer Hand.
4.	R-B B-L-K	Gebrauchstrab, Leinenführung beliebig. Mitteltrab.
5.	K-A A-L	Gebrauchstrab. Bogen 30 m (25 m).
6.	L	Halten, 8 Sekunden, Fahrer auf der Mittellinie.
7.	L-E-I	Schritt 40 m (30 m) Bogen.
8.	I-C C-H-S	Versammelter Trab, 30 m (25 m) Bogen. Gebrauchstrab.
9.	S-X-P-F	Mitteltrab.
10.	F-A-K-V	Versammelter Trab.
11.	V-S	Einfache Schlangenlinie (10 m). Versammelter Trab.
12.	S-R R-X	Gebrauchstrab, halber 40-m-Zirkel. Leinen aus der Hand kauen lassen (nur Ein- und Zweispänner). Gebrauchstrab.
13.	X	Halten, Fahrer auf der Mittellinie, rückwärtsrichten (3 m).
14.	X-V V-L	Versammelter Trab. Halbe 20-m-Volte, Leinen in einer Hand.
15.	L-X-G G	Mitteltrab, Leinenführung beliebig. Halten (Übergang zwischen I und G fließend). Grüßen.
		Im Gebrauchstrab die Bahn verlassen.

Druck: März 2019

Gesamteindruck:

16. Fahrer
    Hilfengebung, Handhabung der Leinen und der Peitsche, Haltung auf dem Bock, Genauigkeit der Hufschlagfiguren.
    Die Note sollte die Korrektheit und die Qualität der Übergänge wiedergeben.
17. Gesamteindruck und Präsentation
    Aufmachung und Erscheinungsbild von Fahrer und Beifahrer, Korrektheit und Sauberkeit der Anspannung, Zusammenpassen und Kondition der Pferde, harmonisches Erscheinungsbild des gesamten Gespannes, Harmonie zwischen Fahrer und Pferd(en)

Abzüge gemäß LPO § 714.2

Zu erreichende Punktsumme: 170 = 100% (x Multiplikator 0,94 [bei komb. Prüfung] = 160 max. Punktsumme)

Druck: März 2019

FEI-Fahraufgabe Senior – Test 1* B

(bisher Test 1)

Zugelassen für Pferde und Ponys in 1*-Prüfungen
für Ein-, Zwei- und Vierspänner

National als Kl. M* zugelassen

Viereck 40 x 100 m – Dauer: etwa 8 Minuten

1.	A-X	Einfahren im Gebrauchstrab.
	X	Halten. Grüßen.
2.	X-C-M-R	Gebrauchstrab.
	R-P	Einfache Schlangenlinie, 10 m Abstand vom Hufschlag.
	P-A-D-X	Gebrauchstrab.
3.	X	Volte links (20 m).
	X-C-M	Gebrauchstrab.
4.	M-E	Schritt.
5.	E-K-A-D-X	Gebrauchstrab.
6.	X	Volte rechts (20 m).
	X-C-H-S	Gebrauchstrab.
7.	S-I	Halbe Volte links.
	I-R	Halbe Volte rechts.
8.	R-X-V	Mitteltrab.
	V-K-A	Gebrauchstrab.
9.	A-X	Schlangenlinie durch die Bahn, 2 Bögen.
10.	X	Halten, 8 Sekunden Unbeweglichkeit. Fahrer auf der Mittellinie.
11.	X	Rückwärtsrichten (3 bis 4 Tritte).
12.	X-B-R	Gebrauchstrab.
	R-S	Mitteltrab, halber Zirkel links (40 m).
13.	S-E	Gebrauchstrab.
	E-F	Schritt.
14.	F-A-K	Gebrauchstrab.
	K-X-M	Mitteltrab.
15.	M-C-H-E	Gebrauchstrab.
	E-B	Halber Zirkel links, dabei Leinen aus der Hand kauen lassen.
16.	B-X	Gebrauchstrab, halbe Volte links (20 m).
	X-F-A-D	Gebrauchstrab.

Druck: März 2019

17. D-G	Mitteltrab.
18. G	Halten. Grüßen.
	Im Gebrauchstrab die Bahn verlassen.

Gesamteindruck:

19. Fahrer
Hilfengebung, Handhabung der Leinen und der Peitsche, Haltung auf dem Bock, Genauigkeit der Hufschlagfiguren.
Die Note sollte die Korrektheit und die Qualität der Übergänge wiedergeben.
20. Gesamteindruck und Präsentation
Aufmachung und Erscheinungsbild von Fahrer und Beifahrer, Korrektheit und Sauberkeit der Anspannung, Zusammenpassen und Kondition der Pferde, harmonisches Erscheinungsbild des gesamten Gespannes, Harmonie zwischen Fahrer und Pferd(en)

Abzüge gemäß LPO § 714.2

Zu erreichende Punktsumme: 200 = 100% (x Multiplikator 0,80 bei komb. Prüfungen] = 160 max. Punktsumme)

FEI-Fahraufgabe Senior – Test 2* A

Zugelassen für Pferde und Ponys in 2*-Prüfungen
für Ein-, Zwei- und Vierspänner

National als Kl. S zugelassen**

Viereck 40 x 80 m oder 40 x 100 m – Dauer: etwa 6 Minuten

1.	A-X X	Einfahren im Gebrauchstrab. Halten. Grüßen.
2.	X-C-H	Gebrauchstrab.
3.	H-S-P	Mitteltrab.
4.	P	Versammelter Trab, Volte (20 m). Leinen in einer Hand.
5.	P-F-A A-C	Versammelter Trab, Leinenführung beliebig. Gebrauchstrab, 3 Bögen Schlangenlinie entlang der Mittellinie, je 5 m Abstand; 1. Bogen A-L 30 m (25 m), 2. Bogen L-I 40 m (30 m), 3. Bogen I-C 30 m (25 m), rechts beenden.
6.	C-M-R-I	Versammelter Trab.
7.	I	Volte rechts (20 m), gefolgt von
8.	I I-S-E	Volte links (20 m), Leinen in einer Hand. Versammelter Trab, Leinenführung beliebig.
9.	E-L	Schritt.
10.	L	Halten, 8 Sekunden, Fahrer auf der Mittellinie.
11.	L	Rückwärtsrichten (3 m).
12.	L-F-A-K	Schritt.
13.	K-V V-S	Versammelter Trab. Mitteltrab.
14.	S-R R-K	Gebrauchstrab, halber Zirkel (40 m). Starker Trab.
15.	K-A-D D-X-G G	Versammelter Trab. Starker Trab. Halten. Grüßen.
		Im Gebrauchstrab die Bahn verlassen.

 Druck: März 2019

Gesamteindruck:

16. Fahrer
    Hilfengebung, Handhabung der Leinen und der Peitsche, Haltung auf dem Bock, Genauigkeit der Hufschlagfiguren.
    Die Note sollte die Korrektheit und die Qualität der Übergänge wiedergeben.
17. Gesamteindruck und Präsentation
    Aufmachung und Erscheinungsbild von Fahrer und Beifahrer, Korrektheit und Sauberkeit der Anspannung, Zusammenpassen und Kondition der Pferde, harmonisches Erscheinungsbild des gesamten Gespannes, Harmonie zwischen Fahrer und Pferd(en)

Abzüge gemäß LPO § 714.2

Zu erreichende Punktsumme: 170 = 100% (x Multiplikator 0,94 [bei komb. Prüfung] = 160 max. Punktsumme)

Druck: März 2019

FEI-Fahraufgabe Senior – Test 2* B

(bisher Test 11)

Zugelassen für Pferde und Ponys in 2*-Prüfungen
für Ein-, Zwei- und Vierspänner

National als Kl. S* zugelassen**

Viereck 40 x 100 m – Dauer: etwa 8 Minuten

1.	A-X X	Einfahren im Gebrauchstrab. Halten. Grüßen.
2.	X-C-M	Versammelter Trab.
3.	M-X-K	Starker Trab.
4.	K-A-F F-B	Versammelter Trab. Einfache Schlangenlinie (15 m) (Zweispänner Leinen in einer Hand).
5.	B-M	Gebrauchstrab, einfache Schlangenlinie (10 m) (Zweispänner Leinen in einer Hand).
6.	M-C-H H-E	Gebrauchstrab (Zweispänner Leinenführung beliebig). Starker Trab.
7.	E E-X	Versammelter Trab. Halbe Volte links (20 m).
8.	X-B-X	Volte (20 m), Leinen in einer Hand. Beginn Fahrer auf X, beenden erstes Pferd auf X.
9.	X-E E-F-A-D-L	Halbe Volte links (20 m), Leinenführung beliebig. Gebrauchstrab.
10.	L	Halten, 8 Sekunden Unbeweglichkeit.
11.	L-X-M	Freier Schritt.
12.	M-C C C-H	Versammelter Trab. Volte (15 m). Versammelter Trab.
13.	H-P	Starker Trab.
14.	P P-L	Versammelter Trab. Halbe Volte rechts, Leinen in einer Hand.
15.	L-M	Starker Trab, Leinen in einer Hand.
16.	M-C C	Gebrauchstrab, Leinenführung beliebig. Schlangenlinie durch die Bahn 2, Bögen je 20 m. Halten senkrecht zur Mittellinie, Fahrer auf der Mittellinie.

Druck: März 2019

17.		Rückwärtsrichten (3 m).
18.		Gebrauchstrab halbe Volte zu E.
	E-V	Gebrauchstrab.
19.	V	Versammelter Trab.
	V-L	Halbe Volte links (20 m), Leinen in einer Hand.
20.	L-H	Starker Trab, Leinen in einer Hand.
	H-C-M	Gebrauchstrab, Leinenführung beliebig.
21.	M-E-V	Freier Schritt.
22.	V-K-A-D	Versammelter Trab.
	D-X-G	Starker Trab.
	G	Halten. Grüßen.
		Im Gebrauchstrab die Bahn verlassen.

Gesamteindruck:

23. Fahrer
    Hilfengebung, Handhabung der Leinen und der Peitsche, Haltung auf dem Bock, Genauigkeit der Hufschlagfiguren.
    Die Note sollte die Korrektheit und die Qualität der Übergänge wiedergeben.
24. Gesamteindruck und Präsentation
    Aufmachung und Erscheinungsbild von Fahrer und Beifahrer, Korrektheit und Sauberkeit der Anspannung, Zusammenpassen und Kondition der Pferde, harmonisches Erscheinungsbild des gesamten Gespannes, Harmonie zwischen Fahrer und Pferd(en)

Abzüge gemäß LPO § 714.2

Zu erreichende Punktsumme: 240 = 100% (x Multiplikator 0,666 [bei komb. Prüfung] = 160 max. Punktsumme)

Druck: März 2019

FEI-Fahraufgabe Senior – Test 2* C
(bisher Test 6 A)

Zugelassen für Pferde und Ponys in 2*-Prüfungen
für Ein-, Zwei- und Vierspänner

National als Kl. S zugelassen**

Viereck 40 x 100 m – Dauer: etwa 11 Minuten

1.	A	Einfahren im Gebrauchstrab.
	X	Halten. Grüßen.
2.	X-C-H	Gebrauchstrab.
3.	H-X	Versammelter Trab.
	X	Leinen in einer Hand, Volte rechts (20 m).
4.	X-K	Versammelter Trab.
	K-A-F	Gebrauchstrab, Leinenführung beliebig.
5.	F-P-X-S-H	Starker Trab.
	H-C-M	Gebrauchstrab.
6.	M-X	Versammelter Trab.
	X	Leinen in einer Hand, Volte links (20 m).
7.	X-F	Versammelter Trab.
	F-A-K	Gebrauchstrab, Leinenführung beliebig.
8.	K-V-X-R-M	Starker Trab.
	M-C-H-S	Gebrauchstrab.
9.	S-E-X-B-P	Schritt.
10.	P-F-A-D	Versammelter Trab.
	D-X	Starker Trab.
11.	X	Versammelter Trab, Volte rechts (15 m).
12.	X	Volte links (15 m).
13.	X-G	Starker Trab.
	G-C-H	Gebrauchstrab.
14.	H-E	Einfache Schlangenlinie, 10 m Abstand vom Hufschlag.
	E-V	Gebrauchstrab.
15.	V	Versammelter Trab.
	V-L	Halbe Volte links (20 m).
	L-X	Versammelter Trab.
16.	X	Halten. 10 Sekunden Unbeweglichkeit.

Druck: März 2019

17.	X	Rückwärtsrichten (3 m), daraus anfahren im versammelten Trab.
18.	X-I	Versammelter Trab.
	I-R	Halbe Volte rechts (20 m).
19.	R-B	Gebrauchstrab.
	B-F	Einfache Schlangenlinie, 10 m Abstand vom Hufschlag.
	F-A-D	Gebrauchstrab.
20.	D-X-G	Starker Trab.
	G	Halten. Grüßen.
		Im Gebrauchstrab die Bahn verlassen.

Gesamteindruck:

21. Fahrer
    Hilfengebung, Handhabung der Leinen und der Peitsche, Haltung auf dem Bock, Genauigkeit der Hufschlagfiguren.
    Die Note sollte die Korrektheit und die Qualität der Übergänge wiedergeben.
22. Gesamteindruck und Präsentation
    Aufmachung und Erscheinungsbild von Fahrer und Beifahrer, Korrektheit und Sauberkeit der Anspannung, Zusammenpassen und Kondition der Pferde, harmonisches Erscheinungsbild des gesamten Gespannes, Harmonie zwischen Fahrer und Pferd(en)

Abzüge gemäß LPO § 714.2

Zu erreichende Punktsumme: 220 = 100% (x Multiplikator 0,727 [bei komb. Prüfung] = 160 max. Punktsumme)

Druck: März 2019

FEI-Fahraufgabe Senior – Test 3* A HP1

Zugelassen für Pferde und Ponys in 3*-Prüfungen
für Einspänner

National als Kl. S zugelassen**

Viereck 40 x 80 m oder 40 x 100 m – Dauer: etwa 6 Minuten

1.	A-X X	Einfahren im Gebrauchstrab. Halten. Grüßen.
2.	X-C-H	Gebrauchstrab.
3.	H-S-P	Mitteltrab.
4.	P	Versammelter Trab, Volte (20 m). Leinen in einer Hand.
5.	P-F-A A-C	Versammelter Trab, Leinenführung beliebig. Gebrauchstrab, 3 Bögen Schlangenlinie entlang der Mittellinie, je 5 m Abstand; 1. Bogen A-L 30 m (25 m), 2. Bogen L-I 40 m (30 m), 3. Bogen I-C 30 m (25 m), rechts beenden.
6.	C-M-R-I	Versammelter Trab.
7.	I	Volte rechts (20 m), gefolgt von
8.	I I-S-E	Volte links (20 m), Leinen in einer Hand. Versammelter Trab, Leinenführung beliebig.
9.	E-L	Schritt.
10.	L	Halten, 8 Sekunden, Fahrer auf der Mittellinie.
11.	L	Rückwärtsrichten (3 m).
12.	L-F-A-K	Schritt.
13.	K-V V-S	Versammelter Trab. Mitteltrab.
14.	S-R R-K	Gebrauchstrab, halber Zirkel (40 m). Starker Trab.
15.	K-A-D D-X-G G	Versammelter Trab. Starker Trab. Halten. Grüßen.
		Im Gebrauchstrab die Bahn verlassen.

Druck: März 2019

Gesamteindruck:

16. **Fahrer**
    Hilfengebung, Handhabung der Leinen und der Peitsche, Haltung auf dem Bock, Genauigkeit der Hufschlagfiguren.
    Die Note sollte die Korrektheit und die Qualität der Übergänge wiedergeben.
17. Gesamteindruck und Präsentation
    Aufmachung und Erscheinungsbild von Fahrer und Beifahrer, Korrektheit und Sauberkeit der Anspannung, Zusammenpassen und Kondition der Pferde, harmonisches Erscheinungsbild des gesamten Gespannes, Harmonie zwischen Fahrer und Pferd(en)

Abzüge gemäß LPO § 714.2

Zu erreichende Punktsumme: 170 = 100% (x Multiplikator 0,94 [bei komb. Prüfung] = 160 max. Punktsumme)

Druck: März 2019

FEI-Fahraufgabe Senior – Test 3* B HP1

Zugelassen für Pferde und Ponys in 3*-Prüfungen
für Einspänner

National als Kl. S* zugelassen**

Viereck 40 x 80 m oder 40 x 100 m – Dauer: etwa 7½ Minuten

1.	A-X X	Einfahren im Gebrauchstrab. Halten. Grüßen.
2.	X-C-H	Versammelter Trab.
3.	H-E	Starker Trab.
4.	E-X X-B	Versammelter Trab, halbe Volte links, Leinen in einer Hand (deutlich sichtbar). Halbe Volte rechts, Leinen in einer Hand.
5.	B-F F-A-D	Starker Trab, Leinen in einer Hand. Gebrauchstrab, Leinenführung beliebig.
6.	D-S	Übertreten rechts im Gebrauchstrab.
7.	S-R	Mitteltrab, halber 40-m-Zirkel rechts.
8.	R-X-V-K	Starker Trab.
9.	K-A-D D-R	Gebrauchstrab. Übertreten links im Gebrauchstrab.
10.	R-S	Mitteltrab, halber 40-m-Zirkel links.
11.	S-E	Schritt.
12.	E-P	Freier Schritt.
13.	P-F F-D	Versammelter Trab. Halbe 20-m-Volte rechts.
14.	D D-F F-A A-L	Arbeitsgalopp rechts. Halbe Volte. Arbeitsgalopp. Bogen 30 m (25 m).
15.	L L-X	Versammelter Trab. Bogen 20 m (15 m) links.
16.	X	Halten, 8 Sekunden, Fahrer auf Mittellinie.
17.	X-I	Versammelter Trab, Bogen 20 m (15 m) rechts.
18.	I-C	Versammelter Galopp links, Bogen 30 m (25 m) links.

Druck: März 2019

19.	C-H	Versammelter Galopp.
	H-X-F	Starker Galopp.
20.	F-A-K	Gebrauchstrab.
	K-E	Starker Trab.
	E-X	Versammelter Trab.
21.	X	Halten, Fahrer auf der Mittellinie.
	X	Rückwärtsrichten (6 Tritte).
22.	X-B	Versammelter Trab.
	B-M	Starker Trab.
	M-C-H	Gebrauchstrab.
23.	H-E	Schlangenlinie 10 m Abstand, Leinen in einer Hand (deutlich sichtbar).
24.	E	Versammelter Trab.
	E-K	Schlangenlinie 20 m (15 m).
25.	K-A-D	Versammelter Trab, Leinenführung beliebig.
	D-X-G	Starker Trab.
	G	Halten. Grüßen.
		Im Gebrauchstrab die Bahn verlassen.

Gesamteindruck:

26. Fahrer
    Hilfengebung, Handhabung der Leinen und der Peitsche, Haltung auf dem Bock, Genauigkeit der Hufschlagfiguren.
    Die Note sollte die Korrektheit und die Qualität der Übergänge wiedergeben.
27. Gesamteindruck und Präsentation
    Aufmachung und Erscheinungsbild von Fahrer und Beifahrer, Korrektheit und Sauberkeit der Anspannung, Zusammenpassen und Kondition der Pferde, harmonisches Erscheinungsbild des gesamten Gespannes, Harmonie zwischen Fahrer und Pferd(en)

Abzüge gemäß LPO § 714.2

Zu erreichende Punktsumme: 270 = 100% (x Multiplikator 0,59 [bei komb. Prüfung] = 160 max. Punktsumme)

FEI-Fahraufgabe Senior – Test 3* C HP1

(bisher Test 9)

Zugelassen für Pferde und Ponys in 3*-Prüfungen
für Einspänner

National als Kl. S* zugelassen**

Viereck 40 x 100 m – Dauer: etwa 7 Minuten

1.	A	Einfahren im Gebrauchstrab.
	X	Halten. Grüßen.
2.	X-G-C-M	Versammelter Trab.
3.	M-X-F	Starker Trab, dabei Linie über X 4 m abgerundet.
	F-A-D	Gebrauchstrab.
4.	D-L	Versammelter Trab.
	L	Leinen in einer Hand. Volte rechts (20 m), Volte links (15 m).
5.	L-I	Starker Trab, Leinenführung beliebig.
6.	I	Versammelter Trab, Leinen in einer Hand. Volte links (20 m), Volte rechts (15 m).
	I-G-C-H	Gebrauchstrab, Leinenführung beliebig.
7.	H-X-K	Starker Trab, dabei Linie über X 4 m abgerundet.
	K-A	Gebrauchstrab.
8.	A	Schlangenlinie durch die Bahn, 3 Bögen, 1. Bogen links (33 m) im Gebrauchstrab. Halten senkrecht zur Mittellinie, der Fahrer muss sich auf der Mittellinie befinden.
9.	Mittellinie	Halten, 10 Sekunden.
10.		Anfahren im Schritt, 2. Bogen rechts (33 m). Halten senkrecht zur Mittellinie, Fahrer auf der Mittellinie.
11.		Rückwärtsrichten (5 Tritte).
12.	Mittellinie-M	Versammelter Trab, 3. Bogen links (33 m).
13.	Zwischen M und C	Angaloppieren links, Bogen (50 m) bis X.
	X	Versammelter Trab.
14.	X	Versammelter Trab, Zirkel (30 m) rechts bis Mittellinie.

Druck: März 2019

15.	Zwischen Mittellinie und V	Angaloppieren rechts, Zirkel (40 m) bis P, dabei Kreuzen der Mittellinie mittig zwischen X und I.
16.	P-F-A-P	Gebrauchstrab, Kehrtwendung.
	P-B	Gebrauchstrab.
17.	B-M	Einfache Schlangenlinie, Leinen in einer Hand, 15 m Abstand vom Hufschlag.
	M-C-H	Leinenführung beliebig.
18.	H	Versammelter Trab, Volte links (10 m).
	H-B	Starker Trab.
19.	B	Versammelter Trab, Volte rechts (10 m).
	B-K	Starker Trab.
20.	K-A-D	Versammelter Trab.
	D-G	Starker Trab.
	G	Halten. Grüßen.
		Im Gebrauchstrab die Bahn verlassen.

Gesamteindruck:

21. Fahrer
    Hilfengebung, Handhabung der Leinen und der Peitsche, Haltung auf dem Bock, Genauigkeit der Hufschlagfiguren.
    Die Note sollte die Korrektheit und die Qualität der Übergänge wiedergeben.
22. Gesamteindruck und Präsentation
    Aufmachung und Erscheinungsbild von Fahrer und Beifahrer, Korrektheit und Sauberkeit der Anspannung, Zusammenpassen und Kondition der Pferde, harmonisches Erscheinungsbild des gesamten Gespannes, Harmonie zwischen Fahrer und Pferd(en)

Abzüge gemäß LPO § 714.2

Zu erreichende Punktsumme: 220 = 100% (x Multiplikator 0,727 [bei komb. Prüfung] = 160 max. Punktsumme)

Druck: März 2019

FEI-Fahraufgabe Senior – Test 3* A HP2

Zugelassen für Pferde und Ponys in 3*-Prüfungen
für Zweispänner

National als Kl. S zugelassen**

Viereck 40 x 80 m oder 40 x 100 m – Dauer: etwa 6 Minuten

1.	A-X X	Einfahren im Gebrauchstrab. Halten. Grüßen.
2.	X-C-H	Gebrauchstrab.
3.	H-S-P	Mitteltrab.
4.	P	Versammelter Trab, Volte (20 m). Leinen in einer Hand.
5.	P-F-A A-C	Versammelter Trab, Leinenführung beliebig. Gebrauchstrab, 3 Bögen Schlangenlinie entlang der Mittellinie, je 5 m Abstand; 1. Bogen A-L 30 m (25 m), 2. Bogen L-I 40 m (30 m), 3. Bogen I-C 30 m (25 m), rechts beenden.
6.	C-M-R-I	Versammelter Trab.
7.	I	Volte rechts (20 m), gefolgt von
8.	I I-S-E	Volte links (20 m), Leinen in einer Hand. Versammelter Trab, Leinenführung beliebig.
9.	E-L	Schritt.
10.	L	Halten, 8 Sekunden, Fahrer auf der Mittellinie.
11.	L	Rückwärtsrichten (3 m).
12.	L-F-A-K	Schritt.
13.	K-V V-S	Versammelter Trab. Mitteltrab.
14.	S-R R-K	Gebrauchstrab, halber Zirkel (40 m). Starker Trab.
15.	K-A-D D-X-G G	Versammelter Trab. Starker Trab. Halten. Grüßen.
		Im Gebrauchstrab die Bahn verlassen.

Druck: März 2019

Gesamteindruck:

16. Fahrer
    Hilfengebung, Handhabung der Leinen und der Peitsche, Haltung auf dem Bock, Genauigkeit der Hufschlagfiguren.
    Die Note sollte die Korrektheit und die Qualität der Übergänge wiedergeben.
17. Gesamteindruck und Präsentation
    Aufmachung und Erscheinungsbild von Fahrer und Beifahrer, Korrektheit und Sauberkeit der Anspannung, Zusammenpassen und Kondition der Pferde, harmonisches Erscheinungsbild des gesamten Gespannes, Harmonie zwischen Fahrer und Pferd(en)

Abzüge gemäß LPO § 714.2

Zu erreichende Punktsumme: 170 = 100% (x Multiplikator 0,94 [bei komb. Prüfung] = 160 max. Punktsumme)

Druck: März 2019

FEI-Fahraufgabe Senior – Test 3* B HP2

(bisher Test 11)

Zugelassen für Pferde und Ponys in 3*-Prüfungen
für Zweispänner

National als Kl. S* zugelassen**

Viereck 40 x 100 m – Dauer: etwa 8 Minuten

1.	A-X X	Einfahren im Gebrauchstrab. Halten. Grüßen.
2.	X-C-M	Versammelter Trab.
3.	M-X-K	Starker Trab.
4.	K-A-F F-B	Versammelter Trab. Einfache Schlangenlinie (15 m) (Leinen in einer Hand).
5.	B-M	Gebrauchstrab, einfache Schlangenlinie (10 m) (Leinen in einer Hand).
6.	M-C-H H-E	Gebrauchstrab (Leinenführung beliebig). Starker Trab.
7.	E E-X	Versammelter Trab. Halbe Volte links (20 m).
8.	X-B-X	Volte (20 m), Leinen in einer Hand. Beginn Fahrer auf X, beenden erstes Pferd auf X.
9.	X-E E-F-A-D-L	Halbe Volte links (20 m), Leinenführung beliebig. Gebrauchstrab.
10.	L	Halten, 8 Sekunden Unbeweglichkeit.
11.	L-X-M	Freier Schritt.
12.	M-C C C-H	Versammelter Trab. Volte (15 m). Versammelter Trab.
13.	H-P	Starker Trab.
14.	P P-L	Versammelter Trab. Halbe Volte rechts, Leinen in einer Hand.
15.	L-M	Starker Trab, Leinen in einer Hand.
16.	M-C C	Gebrauchstrab, Leinenführung beliebig. Schlangenlinie durch die Bahn, 2 Bögen je 20 m. Halten senkrecht zur Mittellinie, Fahrer auf der Mittellinie.

17.		Rückwärtsrichten (3 m).
18.		Gebrauchstrab halbe Volte zu E.
	E-V	Gebrauchstrab.
19.	V	Versammelter Trab.
	V-L	Halbe Volte links (20 m), Leinen in einer Hand.
20.	L-H	Starker Trab, Leinen in einer Hand.
	H-C-M	Gebrauchstrab, Leinenführung beliebig.
21.	M-E-V	Freier Schritt.
22.	V-K-A-D	Versammelter Trab.
	D-X-G	Starker Trab.
	G	Halten. Grüßen.
		Im Gebrauchstrab die Bahn verlassen.

Gesamteindruck:

23. Fahrer
    Hilfengebung, Handhabung der Leinen und der Peitsche, Haltung auf dem Bock, Genauigkeit der Hufschlagfiguren.
    Die Note sollte die Korrektheit und die Qualität der Übergänge wiedergeben.
24. Gesamteindruck und Präsentation
    Aufmachung und Erscheinungsbild von Fahrer und Beifahrer, Korrektheit und Sauberkeit der Anspannung, Zusammenpassen und Kondition der Pferde, harmonisches Erscheinungsbild des gesamten Gespannes, Harmonie zwischen Fahrer und Pferd(en)

Abzüge gemäß LPO § 714.2

Zu erreichende Punktsumme: 240 = 100% (x Multiplikator 0,666 [bei komb. Prüfung] = 160 max. Punktsumme)

Druck: März 2019

FEI-Fahraufgabe Senior – Test 3* C HP2
(bisher Test 8 B)

Zugelassen für Pferde und Ponys in 3*-Prüfungen
für Zweispänner

National als Kl. S* zugelassen**

Viereck 40 x 100 m – Dauer: etwa 8 Minuten

1.	A-X	Einfahren im Gebrauchstrab. Halten. Grüßen.
2.	X-C-H	Versammelter Trab.
3.	H-X	Starker Trab.
4.	X	Leinen in einer Hand. Versammelter Trab. Volte rechts (20 m).
5.	X-K K-A-F	Starker Trab. Leinenführung beliebig. Versammelter Trab.
6.	F-B B	Versammelter Trab, Leinen in einer Hand, einfache Schlangenlinie, 15 m Abstand. Leinenführung beliebig.
7.	B-H H-C-M	Starker Trab. Gebrauchstrab.
8.	M-X	Starker Trab.
9.	X	Leinen in einer Hand. Versammelter Trab. Volte links (20 m).
10.	X-F F-A-K	Starker Trab. Leinenführung beliebig. Versammelter Trab.
11.	K-E E	Versammelter Trab, Leinen in einer Hand, einfache Schlangenlinie, 15 m Abstand. Leinenführung beliebig.
12.	E-M M-C	Starker Trab. Gebrauchstrab.
13.	C	Gebrauchstrab. Schlangenlinie durch die Bahn, 3 Bögen zu je 33 m, links beginnen. Nach dem 1. Bogen senkrecht zur Mittellinie halten. Der Fahrer muss auf der Mittellinie stehen. 8 Sekunden Unbeweglichkeit.
14.		Weiter nach rechts im Gebrauchstrab. Nach dem 2. Bogen senkrecht zur Mittellinie halten, Fahrer auf der Mittellinie.

 Druck: März 2019

15.		Rückwärtsrichten (3 m).
16.		Den 3. Bogen im Gebrauchstrab links beenden.
	A-F	Gebrauchstrab.
17.	F-P-X-S	Schritt.
18.	S-H-C	Versammelter Trab.
	C	Leinen in einer Hand. Volte rechts (15 m).
	C-M-R	Versammelter Trab. Leinenführung beliebig.
19.	R-X-V-K	Starker Trab.
	K-A-D	Versammelter Trab.
20.	D-X-G	Starker Trab.
	G	Halten. Grüßen.
		Im Gebrauchstrab die Bahn verlassen.

Gesamteindruck:

21. Fahrer
    Hilfengebung, Handhabung der Leinen und der Peitsche, Haltung auf dem Bock, Genauigkeit der Hufschlagfiguren.
    Die Note sollte die Korrektheit und die Qualität der Übergänge wiedergeben.
22. Gesamteindruck und Präsentation
    Aufmachung und Erscheinungsbild von Fahrer und Beifahrer, Korrektheit und Sauberkeit der Anspannung, Zusammenpassen und Kondition der Pferde, harmonisches Erscheinungsbild des gesamten Gespannes, Harmonie zwischen Fahrer und Pferd(en)

Abzüge gemäß LPO § 714.2

Zu erreichende Punktsumme: 220 = 100% (x Multiplikator 0,727 [bei komb. Prüfung] = 160 max. Punktsumme)

Druck: März 2019

FEI-Fahraufgabe Senior – Test 3* A HP4

Zugelassen für Pferde und Ponys in 3*-Prüfungen
für Vierspänner

National als Kl. S zugelassen**

Viereck 40 x 80 m oder 40 x 100 m – Dauer: etwa 6 Minuten

1.	A-X X	Einfahren im Gebrauchstrab. Halten. Grüßen.
2.	X-C-H	Gebrauchstrab.
3.	H-S-P	Mitteltrab.
4.	P	Versammelter Trab, Volte (20 m). Leinen in einer Hand.
5.	P-F-A A-C	Versammelter Trab, Leinenführung beliebig. Gebrauchstrab, 3 Bögen Schlangenlinie entlang der Mittellinie, je 5 m Abstand; 1. Bogen A-L 30 m (25 m), 2. Bogen L-I 40 m (30 m), 3. Bogen I-C 30 m (25 m), rechts beenden.
6.	C-M-R-I	Versammelter Trab.
7.	I	Volte rechts (20 m), gefolgt von
8.	I I-S-E	Volte links (20 m), Leinen in einer Hand. Versammelter Trab, Leinenführung beliebig.
9.	E-L	Schritt.
10.	L	Halten, 8 Sekunden, Fahrer auf der Mittellinie.
11.	L	Rückwärtsrichten (3 m).
12.	L-F-A-K	Schritt.
13.	K-V V-S	Versammelter Trab. Mitteltrab.
14.	S-R R-K	Gebrauchstrab, halber Zirkel (40 m). Starker Trab.
15.	K-A-D D-X-G G	Versammelter Trab. Starker Trab. Halten. Grüßen.
		Im Gebrauchstrab die Bahn verlassen.

Druck: März 2019

Gesamteindruck:

16. Fahrer
    Hilfengebung, Handhabung der Leinen und der Peitsche, Haltung auf dem Bock, Genauigkeit der Hufschlagfiguren.
    Die Note sollte die Korrektheit und die Qualität der Übergänge wiedergeben.
17. Gesamteindruck und Präsentation
    Aufmachung und Erscheinungsbild von Fahrer und Beifahrer, Korrektheit und Sauberkeit der Anspannung, Zusammenpassen und Kondition der Pferde, harmonisches Erscheinungsbild des gesamten Gespannes, Harmonie zwischen Fahrer und Pferd(en)

Abzüge gemäß LPO § 714.2

Zu erreichende Punktsumme: 170 = 100% (x Multiplikator 0,94 [bei komb. Prüfung] = 160 max. Punktsumme)

Druck: März 2019

FEI-Fahraufgabe Senior – Test 3* B HP4

(bisher Test 11)

Zugelassen für Pferde und Ponys in 3*-Prüfungen
für Vierspänner

National als Kl. S* zugelassen**

Viereck 40 x 100 m – Dauer: etwa 8 Minuten

1.	A-X X	Einfahren im Gebrauchstrab. Halten. Grüßen.
2.	X-C-M	Versammelter Trab.
3.	M-X-K	Starker Trab.
4.	K-A-F F-B	Versammelter Trab. Einfache Schlangenlinie (15 m), (Leinen in einer Hand).
5.	B-M	Gebrauchstrab, einfache Schlangenlinie (10 m), (Leinen in einer Hand).
6.	M-C-H H-E	Gebrauchstrab (Leinenführung beliebig). Starker Trab.
7.	E E-X	Versammelter Trab. Halbe Volte links (20 m).
8.	X-B-X	Volte (20 m), Leinen in einer Hand. Beginn Fahrer auf X, beenden erstes Pferd auf X.
9.	X-E E-F-A-D-L	Halbe Volte links (20 m), Leinenführung beliebig. Gebrauchstrab.
10.	L	Halten, 8 Sekunden Unbeweglichkeit.
11.	L-X-M	Freier Schritt.
12.	M-C C C-H	Versammelter Trab. Volte (15 m). Versammelter Trab.
13.	H-P	Starker Trab.
14.	P P-L	Versammelter Trab. Halbe Volte rechts, Leinen in einer Hand.
15.	L-M	Starker Trab, Leinen in einer Hand.
16.	M-C C	Gebrauchstrab, Leinenführung beliebig. Schlangenlinie durch die Bahn, 2 Bögen je 20 m. Halten senkrecht zur Mittellinie, Fahrer auf der Mittellinie.

Druck: März 2019

17.		Rückwärtsrichten (3 m).
18.		Gebrauchstrab halbe Volte zu E.
	E-V	Gebrauchstrab.
19.	V	Versammelter Trab.
	V-L	Halbe Volte links (20 m), Leinen in einer Hand.
20.	L-H	Starker Trab, Leinen in einer Hand.
	H-C-M	Gebrauchstrab, Leinenführung beliebig.
21.	M-E-V	Freier Schritt.
22.	V-K-A-D	Versammelter Trab.
	D-X-G	Starker Trab.
	G	Halten. Grüßen.
		Im Gebrauchstrab die Bahn verlassen.

Gesamteindruck:

23. Fahrer
    Hilfengebung, Handhabung der Leinen und der Peitsche, Haltung auf dem Bock, Genauigkeit der Hufschlagfiguren.
    Die Note sollte die Korrektheit und die Qualität der Übergänge wiedergeben.
24. Gesamteindruck und Präsentation
    Aufmachung und Erscheinungsbild von Fahrer und Beifahrer, Korrektheit und Sauberkeit der Anspannung, Zusammenpassen und Kondition der Pferde, harmonisches Erscheinungsbild des gesamten Gespannes, Harmonie zwischen Fahrer und Pferd(en)

Abzüge gemäß LPO § 714.2

Zu erreichende Punktsumme: 240 = 100% (x Multiplikator 0,666 [bei komb. Prüfung] = 160 max. Punktsumme)

Druck: März 2019

FEI-Fahraufgabe Senior – Test 3* C H4

(bisher Test 8 A)

Zugelassen für Pferde in 3*-Prüfungen
für Vierspänner

National als Kl. S* zugelassen**

Viereck 40 x 100 m – Dauer: etwa 7 Minuten

1.	A X	Einfahren im Gebrauchstrab. Halten. Grüßen.
2.	X-C-H	Versammelter Trab.
3.	H-X	Starker Trab.
4.	X	Leinen in einer Hand. Versammelter Trab. Volte rechts (20 m).
5.	X-K K K-A-F	Starker Trab. Leinenführung beliebig. Versammelter Trab.
6.	F-P-B	Versammelter Trab. Vorderpferde Schulterherein.
7.	B-I-H H-C-M	Starker Trab. Gebrauchstrab.
8.	M-X	Starker Trab.
9.	X	Leinen in einer Hand. Versammelter Trab. Volte links (20 m).
10.	X-F F F-A-K	Starker Trab. Leinenführung beliebig. Versammelter Trab.
11.	K-V-E	Versammelter Trab. Vorderpferde Schulterherein.
12.	E-I-M M-C	Starker Trab. Gebrauchstrab.
13.	C	Schlangenlinie durch die Bahn, 3 Bögen zu je 33 m, links beginnen. Nach dem 1. Bogen senkrecht zur Mittellinie halten. Der Fahrer muss auf der Mittellinie stehen. 8 Sekunden Unbeweglichkeit.
14.		Weiter nach rechts im Gebrauchstrab. Nach dem 2. Bogen senkrecht zur Mittellinie halten. Der Fahrer muss auf der Mittellinie stehen.
15.		Rückwärtsrichten (3 m).

Druck: März 2019

16.		Den 3. Bogen im Gebrauchstrab links beenden.
	A-F	Gebrauchstrab.
17.	F-P-X-S	Schritt.
18.	S-H-C	Versammelter Trab.
	C	Leinen in einer Hand. Volte rechts (15 m).
	C-M-R	Versammelter Trab. Leinenführung beliebig.
19.	R-X-V-K	Starker Trab.
	K-A-D	Versammelter Trab.
20.	D-X-G	Starker Trab.
	G	Halten. Grüßen.
		Im Gebrauchstrab die Bahn verlassen.

Gesamteindruck:

21. Fahrer
    Hilfengebung, Handhabung der Leinen und der Peitsche, Haltung auf dem Bock, Genauigkeit der Hufschlagfiguren.
    Die Note sollte die Korrektheit und die Qualität der Übergänge wiedergeben.
22. Gesamteindruck und Präsentation
    Aufmachung und Erscheinungsbild von Fahrer und Beifahrer, Korrektheit und Sauberkeit der Anspannung, Zusammenpassen und Kondition der Pferde, harmonisches Erscheinungsbild des gesamten Gespannes, Harmonie zwischen Fahrer und Pferd(en)

Abzüge gemäß LPO § 714.2

Zu erreichende Punktsumme: 220 = 100% (x Multiplikator 0,727 [bei komb. Prüfung] = 160 max. Punktsumme)

Druck: März 2019

FEI-Fahraufgabe Senior – Test 3* D P4

(bisher Test 8 C)

Zugelassen für Ponys in 3*-Prüfungen
für Vierspänner

National als Kl. S* zugelassen**

Viereck 40 x 100 m – Dauer: etwa 8 Minuten

1.	A-X	Einfahren im Gebrauchstrab. Halten. Grüßen.
2.	X-C-H	Versammelter Trab.
3.	H-X	Starker Trab.
4.	X	Leinen in einer Hand, versammelter Trab. Volte rechts (20 m).
5.	X-K K-A-F	Starker Trab. Leinenführung beliebig, versammelter Trab.
6.	F-B	Versammelter Trab, einfache Schlangenlinie, 15 m Abstand.
7.	B-H H-C-M	Starker Trab. Gebrauchstrab.
8.	M-X	Starker Trab.
9.	X	Leinen in einer Hand. Versammelter Trab. Volte links (20 m).
10.	X-F F-A-K	Starker Trab. Leinenführung beliebig. Versammelter Trab.
11.	K-E	Versammelter Trab, einfache Schlangenlinie, 15 m Abstand.
12.	E-M M-C	Starker Trab. Gebrauchstrab.
13.	C	Gebrauchstrab. Schlangenlinie durch die Bahn, 3 Bögen zu je 33 m, links beginnen. Nach dem 1. Bogen senkrecht zur Mittellinie halten. Der Fahrer muss auf der Mittellinie stehen. 8 Sekunden Unbeweglichkeit.
14.		Weiter nach rechts im Gebrauchstrab. Nach dem 2. Bogen senkrecht zur Mittellinie halten. Der Fahrer muss auf der Mittellinie stehen.
15.		Rückwärtsrichten (3 m).

Druck: März 2019

16.		Den 3. Bogen im Gebrauchstrab links beenden.
	A-F	Gebrauchstrab.
17.	F-P-X-S	Schritt.
18.	S-H-C	Versammelter Trab.
	C	Leinen in einer Hand. Volte rechts (15 m).
	C-M-R	Versammelter Trab. Leinenführung beliebig.
19.	R-X-V-K	Starker Trab.
	K-A-D	Versammelter Trab.
20.	D-X-G	Starker Trab.
	G	Halten. Grüßen.
		Im Gebrauchstrab die Bahn verlassen.

Gesamteindruck:

21. Fahrer
    Hilfengebung, Handhabung der Leinen und der Peitsche, Haltung auf dem Bock, Genauigkeit der Hufschlagfiguren.
    Die Note sollte die Korrektheit und die Qualität der Übergänge wiedergeben.
22. Gesamteindruck und Präsentation
    Aufmachung und Erscheinungsbild von Fahrer und Beifahrer, Korrektheit und Sauberkeit der Anspannung, Zusammenpassen und Kondition der Pferde, harmonisches Erscheinungsbild des gesamten Gespannes, Harmonie zwischen Fahrer und Pferd(en)

Abzüge gemäß LPO § 714.2

Zu erreichende Punktsumme: 220 = 100% (x Multiplikator 0,727 [bei komb. Prüfung] = 160 max. Punktsumme)

Druck: März 2019

FEI-Fahraufgabe Test PE A

(bisher Para equestrian Test 4)

Zugelassen für Pferde und Ponys für Ein-, Zwei- und Vierspänner

Viereck 40 x 80 m oder 40 x 100 m – Dauer: etwa 9 Minuten

1.	A	Einfahren im Gebrauchstrab.
	X	Halten. Grüßen.
2.	X-C-M-B	Gebrauchstrab.
3.	B-X	Halbe Volte rechts (20 m).
	X-M	Zurück zu M im Gebrauchstrab (Kehrtwendung rechts).
4.	M-C-H-E	Gebrauchtstrab.
5.	E-X	Halbe Volte links (20 m).
	X-H	Zurück zu H im Gebrauchstrab (Kehrtwendung links).
	H-C-M-R	Gebrauchstrab.
6.	R-X-V	Starker Trab.
	V-K-A-D	Gebrauchstrab.
7.	D	Versammelter Trab.
	D-K-D	Volte links (20 m), gefolgt von
8.	D-F-D	Volte rechts (20 m).
9.	D-X	Schritt.
10.	X	Halten, 10 Sekunden Unbeweglichkeit, dann
11.		rückwärtsrichten (3 m).
12.	X-G-C-M-R	Gebrauchstrab.
13.	R-B-X-E-V	Schritt.
14.	V-K-A-F-P	Gebrauchstrab.
15.	P-X-S	Starker Trab.
16.	S-H-C	Gebrauchstrab.
	C-A	Schlangenlinien, 5 Bögen (3 im 80-m-Viereck).
	A-D	Gebrauchstrab.
17.	D-X-G	Starker Trab.
	G	Übergang zum Halten. Grüßen.
		Im Gebrauchstrab die Bahn verlassen.

 Druck: März 2019

Gesamteindruck:

18. Fahrer
    Hilfengebung, Handhabung der Leinen und der Peitsche, Haltung auf dem Bock, Genauigkeit der Hufschlagfiguren.
    Die Note sollte die Korrektheit und die Qualität der Übergänge wiedergeben.
19. Gesamteindruck und Präsentation
    Aufmachung und Erscheinungsbild von Fahrer und Beifahrer, Korrektheit und Sauberkeit der Anspannung, Zusammenpassen und Kondition der Pferde, harmonisches Erscheinungsbild des gesamten Gespannes, Harmonie zwischen Fahrer und Pferd(en)

Abzüge gemäß LPO § 714.2

Zu erreichende Punktsumme: 190 = 100% (x Multiplikator 0,84 [bei komb. Prüfung] = 160 max. Punktsumme)

3. Küraufgaben für Fahrpferde

3.1 Leitfaden Dressurprüfung der Klasse M – Kür – Richten mit einer Gesamtwertnote

Viereck 40 x 80 m bzw. 40 x 100 m – Dauer: 5½ bis 6 Minuten

A-Note (Ausführung)	
Pflichtlektionen	Bemerkungen
Schritt (mind. 60 m zusammenhängend)	
Halten (10 Sekunden)	
Rückwärtsrichten (mind. 3 m)	
Versammelter Trab	
Gebrauchstrab	
Starker Trab	
Volte rechts (15 m)	
Volte links (15 m)	
Präsentation	

Total für Ausführung: **A-Note** ______

Druck: März 2019

prüfungen ist eine Verfassungsprüfung gemäß LPO vor dem Hindernisfahren verbindlich vorgeschrieben, sofern dieses die letzte Prüfung ist.

Bewertung
Strafpunkte werden z.B. vergeben für das Abwerfen eines Balles, Umwerfen eines Kegels oder eines Teiles eines Mehrfachhindernisses, Ungehorsam und Zeitüberschreitung etc.
Die **Platzierung** wird durch Zusammenzählen aller Strafpunkte ermittelt. Bei Punktgleichheit werden die Teilnehmer nach der Zeit platziert, die sie für die Absolvierung ihres Parcours gebraucht haben.

Die **Platzierung der kombinierten bzw. Vielseitigkeits-LP** ergibt sich aus der Addition der Strafpunkte aus allen Teilprüfungen.
Sieger ist der Teilnehmer mit der geringsten Strafpunktsumme. Bei Punktgleichheit entscheidet die bessere Leistung in der Geländeprüfung. Besteht auch dort Punktgleichheit, entscheidet die bessere Leistung in der Dressur. Besteht auch hier Punktgleichheit, erfolgt gleiche Platzierung.

Druck: März 2019

5. Umrechnungstabellen für nationale und internationale Dressurprüfungen

		Kür-Notenb. Kl. M			Kür-Notenb. Kl. S			1* + 2* A/3* A HP 1-2, 4			PE A		
WN	%	Punkte	3 Richter	5 Richter	Punkte	3 Richter	5 Richter	Punkte	3 Richter	5 Richter	Punkte	3 Richter	5 Richter
10,0	100,00	150	450	750	160	480	800	170,0	510,0	850,0	190,0	570,0	950,0
9,9	99,00	149	446	743	158	475	792	168,3	504,9	841,5	188,1	564,3	940,5
9,8	98,00	147	441	735	157	470	784	166,6	499,8	833,0	186,2	558,6	931,0
9,7	97,00	146	437	728	155	466	776	164,9	494,7	824,5	184,3	552,9	921,5
9,6	96,00	144	432	720	154	461	768	163,2	489,6	816,0	182,4	547,2	912,0
9,5	95,00	143	428	713	152	456	760	161,5	484,5	807,5	180,5	541,5	902,5
9,4	94,00	141	423	705	150	451	752	159,8	479,4	799,0	178,6	535,8	893,0
9,3	93,00	140	419	698	149	446	744	158,1	474,3	790,5	176,7	530,1	883,5
9,2	92,00	138	414	690	147	442	736	156,4	469,2	782,0	174,8	524,4	874,0
9,1	91,00	137	410	683	146	437	728	154,7	464,1	773,5	182,9	518,7	864,5
9,0	90,00	135	405	675	144	432	720	153,0	459,0	765,0	171,0	513,0	855,0
8,9	89,00	134	401	668	142	427	712	151,3	453,9	756,5	169,1	507,3	845,5
8,8	88,00	132	396	660	141	422	704	149,6	448,8	748,0	167,2	501,6	836,0
8,7	87,00	131	392	653	139	418	696	147,9	443,7	739,5	165,3	495,9	826,5
8,6	86,00	129	387	645	138	413	688	146,2	438,6	731,0	163,4	490,2	817,0
8,5	85,00	128	383	638	136	408	680	144,5	433,5	722,5	161,5	484,5	807,5
8,4	84,00	126	378	630	134	403	672	142,8	428,4	714,0	159,6	478,8	798,0
8,3	83,00	125	374	623	133	398	664	141,1	423,3	705,5	157,7	473,1	788,5
8,2	82,00	123	369	615	131	394	656	139,4	418,2	697,0	155,8	467,4	779,0
8,1	81,00	122	365	608	130	389	648	137,7	413,1	688,5	153,9	461,7	769,5
8,0	80,00	120	360	600	128	384	640	136,0	408,0	680,0	152,0	456,0	760,0
7,9	79,00	119	356	593	126	379	632	134,3	402,9	671,5	150,1	450,3	750,5
7,8	78,00	117	351	585	125	374	624	132,6	397,8	663,0	148,2	444,6	741,0
7,7	77,00	116	347	578	123	370	616	130,9	392,7	654,5	146,3	438,9	731,5
7,6	76,00	114	342	570	122	365	608	129,2	387,6	646,0	144,4	433,2	722,0
7,5	75,00	113	338	563	120	360	600	127,5	382,5	637,5	142,5	427,5	712,5
7,4	74,00	111	333	555	118	355	592	125,8	377,4	629,0	140,6	421,8	703,0
7,3	73,00	110	329	548	117	350	584	124,1	372,3	620,5	138,7	416,1	693,5
7,2	72,00	108	324	540	115	346	576	122,4	367,2	612,0	136,8	410,4	684,0
7,1	71,00	107	320	533	114	341	568	120,7	362,1	603,5	134,9	404,7	674,5

Druck: März 2019

		Kür-Notenb. Kl. M			Kür-Notenb. Kl. S			1* + 2* A/3* A HP 1-2, 4			PE A		
WN	%	Punkte	3 Richter	5 Richter	Punkte	3 Richter	5 Richter	Punkte	3 Richter	5 Richter	Punkte	3 Richter	5 Richter
7,0	70,00	105	315	525	112	336	560	119,0	357,0	595,0	133,0	399,0	665,0
6,9	69,00	104	311	518	110	331	552	117,3	351,9	586,5	131,1	393,3	655,5
6,8	68,00	102	306	510	109	326	544	115,6	346,8	578,0	129,2	387,6	646,0
6,7	67,00	101	302	503	107	322	536	113,9	341,7	569,5	127,3	381,9	636,5
6,6	66,00	99	297	495	106	317	528	112,2	336,6	561,0	125,4	376,2	627,0
6,5	65,00	98	293	488	104	312	520	110,5	331,5	552,5	123,5	370,5	617,5
6,4	64,00	96	288	480	102	307	512	108,8	326,4	544,0	121,6	364,8	608,0
6,3	63,00	95	284	473	101	302	504	107,1	321,3	535,5	119,7	359,1	598,5
6,2	62,00	93	279	465	99	298	496	105,4	316,2	527,0	117,8	353,4	589,0
6,1	61,00	92	275	458	98	293	488	103,7	311,1	518,5	115,9	347,7	579,5
6,0	60,00	90	270	450	96	288	480	102,0	306,0	510,0	114,0	342,0	570,0
5,9	59,00	89	266	443	94	283	472	100,3	300,9	501,5	112,1	336,3	560,5
5,8	58,00	87	261	435	93	278	464	98,6	295,8	493,0	110,2	330,6	551,0
5,7	57,00	86	257	428	91	274	456	96,9	290,7	484,5	108,3	324,9	541,5
5,6	56,00	84	252	420	90	269	448	95,2	285,6	476,0	106,4	319,2	532,0
5,5	55,00	83	248	413	88	264	440	93,5	280,5	467,5	104,5	313,5	522,5
5,4	54,00	81	243	405	86	259	432	91,8	275,4	459,0	102,6	307,8	513,0
5,3	53,00	80	239	398	85	254	424	90,1	270,3	450,5	100,7	302,1	503,5
5,2	52,00	78	234	390	83	250	416	88,4	265,2	442,0	98,8	296,4	494,0
5,1	51,00	77	230	383	82	245	408	86,7	260,1	433,5	96,9	290,7	484,5
5,0	50,00	75	225	375	80	240	400	85,0	255,0	425,0	95,0	285,0	475,0
4,9	49,00	74	221	368	78	235	392	83,3	249,9	416,5	93,1	279,3	465,5
4,8	48,00	72	216	360	77	230	384	81,6	244,8	408,0	91,2	273,6	456,0
4,7	47,00	71	212	353	75	226	376	79,9	239,7	399,5	89,3	267,9	446,5
4,6	46,00	69	207	345	74	221	368	78,2	234,6	391,0	87,4	262,2	437,0
4,5	45,00	68	203	338	72	216	360	76,5	229,5	382,5	85,5	256,5	427,5
4,4	44,00	66	198	330	70	211	352	74,8	224,4	374,0	83,6	250,8	418,0
4,3	43,00	65	194	323	69	206	344	73,1	219,3	365,5	81,7	245,1	408,5
4,2	42,00	63	189	315	67	202	336	71,4	214,2	357,0	79,8	239,4	399,0
4,1	41,00	62	185	308	66	197	328	69,7	209,1	348,5	77,9	233,7	389,5
4,0	40,00	60	180	300	64	192	320	68,0	204,0	340,0	76,0	228,0	380,0

Druck: März 2019

		Ch P1/J+YD/1* B/FM 1-3,7*/FS 1-2*			2* C/3* C HP 1-2/3* C H 4/3* D P4			2* B/3* B HP 2+4			FM 4-6**/FS 3-4**		
WN	%	Punkte	3 Richter	5 Richter	Punkte	3 Richter	5 Richter	Punkte	3 Richter	5 Richter	Punkte	3 Richter	5 Richter
10,0	100,00	200	600	1000	220,0	660,0	1100	240,0	720,0	1200	250,0	750,0	1250,0
9,9	99,00	198	594	990	217,8	653,4	1089	237,6	712,8	1190	247,5	742,5	1237,5
9,8	98,00	196	588	980	215,6	646,8	1078	235,2	705,6	1175	245,0	735,0	1225,0
9,7	97,00	194	582	970	213,4	640,2	1067	232,8	698,4	1165	242,5	727,5	1212,5
9,6	96,00	192	576	960	211,2	633,6	1056	230,4	691,2	1150	240,0	720,0	1200,0
9,5	95,00	190	570	950	209,0	627,0	1045	228,0	684,0	1140	237,5	712,5	1187,5
9,4	94,00	188	564	940	206,8	620,4	1034	225,6	676,8	1130	235,0	705,0	1175,0
9,3	93,00	186	558	930	204,6	613,8	1023	223,2	669,6	1115	232,5	697,5	1162,5
9,2	92,00	184	552	920	202,4	607,2	1012	220,8	662,4	1105	230,0	690,0	1150,0
9,1	91,00	182	546	910	200,2	600,6	1001	218,4	655,2	1090	227,5	682,5	1137,5
9,0	90,00	180	540	900	198,0	594,0	990	216,0	648,0	1080	225,0	675,0	1125,0
8,9	89,00	178	534	890	195,8	587,4	979	213,6	640,8	1070	222,5	667,5	1112,5
8,8	88,00	176	528	880	193,6	580,8	968	211,2	633,6	1055	220,0	660,0	1100,0
8,7	87,00	174	522	870	191,4	574,2	957	208,8	626,4	1045	217,5	652,5	1087,5
8,6	86,00	172	516	860	189,2	567,6	946	206,4	619,2	1030	215,0	645,0	1075,0
8,5	85,00	170	510	850	187,0	561,0	935	204,0	612,0	1020	212,5	637,5	1062,5
8,4	84,00	168	504	840	184,8	554,4	924	201,6	604,8	1010	210,0	630,0	1050,0
8,3	83,00	166	498	830	182,6	547,8	913	199,2	597,6	995	207,5	622,5	1037,5
8,2	82,00	164	492	820	180,4	541,2	902	196,8	590,4	985	205,0	615,0	1025,0
8,1	81,00	162	486	810	178,2	534,6	891	194,4	583,2	970	202,5	607,5	1012,5
8,0	80,00	160	480	800	176,0	528,0	880	192,0	576,0	960	200,0	600,0	1000,0
7,9	79,00	158	474	790	173,8	521,4	869	189,6	568,8	950	197,5	592,5	987,5
7,8	78,00	156	468	780	171,6	514,8	858	187,2	561,6	935	195,0	585,0	975,0
7,7	77,00	154	462	770	169,4	508,2	847	184,8	554,4	925	192,5	577,5	962,5
7,6	76,00	152	456	760	167,2	501,6	836	182,4	547,2	910	190,0	570,0	950,0
7,5	75,00	150	450	750	165,0	495,0	825	180,0	540,0	900	187,5	562,5	937,5
7,4	74,00	148	444	740	162,8	488,4	814	177,6	532,8	890	185,0	555,0	925,0
7,3	73,00	146	438	730	160,6	481,8	803	175,2	525,6	875	182,5	547,5	912,5
7,2	72,00	144	432	720	158,4	475,2	792	172,8	518,4	865	180,0	540,0	900,0
7,1	71,00	142	426	710	156,2	468,6	781	170,4	511,2	850	177,5	532,5	887,5

Druck: März 2019

WN	%	Ch P1/J+YD/1* B/FM 1-3,7*/FS 1-2* Punkte	3 Richter	5 Richter	2* C/3* C HP 1-2/3* C H 4/3* D P4 Punkte	3 Richter	5 Richter	2* B/3* B HP 2+4 Punkte	3 Richter	5 Richter	FM 4-6**/FS 3-4** Punkte	3 Richter	5 Richter
7,0	70,00	140	420	700	154,0	462,0	770	168,0	504,0	840	175,0	525,0	875,0
6,9	69,00	138	414	690	151,8	455,4	759	165,6	496,8	830	172,5	517,5	862,5
6,8	68,00	136	408	680	149,6	448,8	748	163,2	489,6	815	170,0	510,0	850,0
6,7	67,00	134	402	670	147,4	442,2	737	160,8	482,4	805	167,5	502,5	837,5
6,6	66,00	132	396	660	145,2	435,6	726	158,4	475,2	790	165,0	495,0	825,0
6,5	65,00	130	390	650	143,0	429,0	715	156,0	468,0	780	162,5	487,5	812,5
6,4	64,00	128	384	640	140,8	422,4	704	153,6	460,8	770	160,0	480,0	800,0
6,3	63,00	126	378	630	138,6	415,8	693	151,2	453,6	755	157,5	472,5	787,5
6,2	62,00	124	372	620	136,4	409,2	682	148,8	446,4	745	155,0	465,0	775,0
6,1	61,00	122	366	610	134,2	402,6	671	146,4	439,2	730	152,5	457,5	762,5
6,0	60,00	120	360	600	132,0	396,0	660	144,0	432,0	720	150,0	450,0	750,0
5,9	59,00	118	354	590	129,8	389,4	649	141,6	424,8	710	147,5	442,5	737,5
5,8	58,00	116	348	580	127,6	382,8	638	139,2	417,6	695	145,0	435,0	725,0
5,7	57,00	114	342	570	125,4	376,2	627	136,8	410,4	685	142,5	427,5	712,5
5,6	56,00	112	336	560	123,2	369,6	616	134,4	403,2	670	140,0	420,0	700,0
5,5	55,00	110	330	550	121,0	363,0	605	132,0	396,0	660	137,5	412,5	687,5
5,4	54,00	108	324	540	118,8	356,4	594	129,6	388,8	650	135,0	405,0	675,0
5,3	53,00	106	318	530	116,6	349,8	583	127,2	381,6	635	132,5	397,5	662,5
5,2	52,00	104	312	520	114,4	343,2	572	124,8	374,4	625	130,0	390,0	650,0
5,1	51,00	102	306	510	112,2	336,6	561	122,4	367,2	610	127,5	382,5	637,5
5,0	50,00	100	300	500	110,0	330,0	550	120,0	360,0	600	125,0	375,0	625,0
4,9	49,00	98	294	490	107,8	323,4	539	117,6	352,8	590	122,5	367,5	612,5
4,8	48,00	96	288	480	105,6	316,8	528	115,2	345,6	575	120,0	360,0	600,0
4,7	47,00	94	282	470	103,4	310,2	517	112,8	338,4	565	117,5	352,5	587,5
4,6	46,00	92	276	460	101,2	303,6	506	110,4	331,2	550	115,0	345,0	575,0
4,5	45,00	90	270	450	99,0	297,0	495	108,0	324,0	540	112,5	337,5	562,5
4,4	44,00	88	264	440	96,8	290,4	484	105,6	316,8	530	110,0	330,0	550,0
4,3	43,00	86	258	430	94,6	283,8	473	103,2	309,6	515	107,5	322,5	537,5
4,2	42,00	84	252	420	92,4	277,2	462	100,8	302,4	505	105,0	315,0	525,0
4,1	41,00	82	246	410	90,2	270,6	451	98,4	295,2	490	102,5	307,5	512,5
4,0	40,00	80	240	400	88,0	264,0	440	96,0	288,0	480	100,0	300,0	500,0

Druck: März 2019

Nationale und internationale Dressurprüfungen											6. Note aus der Gebrauchsprüfung für die Wertung in der komb. Prfg.	
		3* B HP 1										
WN	%	Punkte	3 Richter	5 Richter							Strafpunkte Kl. A	Strafpunkte Kl. M/S
10,0	100,00	270,0	810,0	1350,0							0,0	0,0
9,9	99,00	267,3	801,9	1336,5							1,2	1,6
9,8	98,00	264,6	793,9	1323,0							2,4	3,2
9,7	97,00	261,9	785,7	1309,5							3,6	4,8
9,6	96,00	259,2	777,6	1296,0							4,8	6,4
9,5	95,00	256,5	769,5	1282,5							6,0	8,0
9,4	94,00	253,8	761,4	1269,0							7,2	9,6
9,3	93,00	251,1	753,3	1255,5							8,4	11,2
9,2	92,00	248,4	745,2	1242,0							9,6	12,8
9,1	91,00	245,7	737,1	1228,5							10,8	14,4
9,0	90,00	243,0	729,0	1215,0							12,0	16,0
8,9	89,00	240,3	720,9	1201,5							13,2	17,6
8,8	88,00	237,6	712,8	1188,0							14,4	19,2
8,7	87,00	234,9	704,7	1174,5							15,6	20,8
8,6	86,00	232,2	696,6	1161,0							16,8	22,4
8,5	85,00	229,5	688,5	1147,5							18,0	24,0
8,4	84,00	226,8	680,4	1134,0							19,2	25,6
8,3	83,00	224,1	672,3	1120,5							20,4	27,2
8,2	82,00	221,4	664,2	1107,0							21,6	28,8
8,1	81,00	218,7	656,1	1093,5							22,8	30,4
8,0	80,00	216,0	648,0	1080,0							24,0	32,0
7,9	79,00	213,3	639,9	1066,5							25,2	33,6
7,8	78,00	210,6	631,8	1053,0							26,4	35,2
7,7	77,00	207,9	623,7	1039,5							27,6	36,8
7,6	76,00	205,2	615,6	1026,0							28,8	38,4
7,5	75,00	202,5	607,5	1012,5							30,0	40,0
7,4	74,00	199,8	599,4	999,0							31,2	41,6
7,3	73,00	197,1	591,3	985,5							32,4	43,2
7,2	72,00	194,4	583,2	972,0							33,6	44,8
7,1	71,00	191,7	575,1	958,5							34,8	46,4

Druck: März 2019

		3* B HP 1										
WN	%	Punkte	3 Richter	5 Richter							Strafpunkte Kl. A	Strafpunkte Kl. M/S
7,0	70,00	189,0	567,0	945,0							36,0	48,0
6,9	69,00	186,3	558,9	931,5							37,2	49,6
6,8	68,00	183,6	550,8	918,0							38,4	51,2
6,7	67,00	180,9	542,7	904,5							39,6	52,8
6,6	66,00	178,2	534,6	891,0							40,8	54,4
6,5	65,00	175,5	526,5	877,5							42,0	56,0
6,4	64,00	172,8	518,4	864,0							43,2	57,6
6,3	63,00	170,1	510,3	850,5							44,4	59,2
6,2	62,00	167,4	502,2	837,0							45,6	60,8
6,1	61,00	164,7	494,1	823,5							46,8	62,4
6,0	60,00	162,0	486,0	810,0							48,0	64,0
5,9	59,00	159,3	477,9	796,5							49,2	65,6
5,8	58,00	156,6	469,8	783,0							50,4	67,2
5,7	57,00	153,9	461,7	769,5							51,6	68,8
5,6	56,00	151,2	453,6	756,0							52,8	70,4
5,5	55,00	148,5	445,5	742,5							54,0	72,0
5,4	54,00	145,8	437,4	729,0							55,2	73,6
5,3	53,00	143,1	429,3	715,5							56,4	75,2
5,2	52,00	140,4	421,2	702,0							57,6	76,8
5,1	51,00	137,7	413,1	688,5							58,8	78,4
5,0	50,00	135,0	405,0	675,0							60,0	80,0
4,9	49,00	132,3	396,9	661,5							61,2	81,6
4,8	48,00	129,6	388,8	648,0							62,4	83,2
4,7	47,00	126,9	380,7	634,5							63,6	84,8
4,6	46,00	124,2	372,6	621,0							64,8	86,4
4,5	45,00	121,5	364,5	607,5							66,0	88,0
4,4	44,00	118,8	356,4	594,0							67,2	89,6
4,3	43,00	116,1	348,3	580,5							68,4	91,2
4,2	42,00	113,4	340,2	567,0							69,6	92,8
4,1	41,00	110,7	332,1	553,5							70,8	94,4
4,0	40,00	108,0	324,0	540,0							72,0	96,0

Druck: März 2019

Sicheres Gespannfahren im Straßenverkehr

Die Einführung des Kutschenführerscheins A – Privatperson ist Bestandteil einer breit angelegten Initiative der Deutschen Reiterlichen Vereinigung e.V. (FN) zum sicheren Fahren mit Pferdegespannen im Straßenverkehr. Ziel ist es, dass künftig jeder Gespannfahrer, der am Straßenverkehr teilnimmt, eine entsprechende Qualifikation nachweisen und mithilfe seines Kutschenführerscheins sofort vorzeigen kann.

Dieses neue Lehrbuch vermittelt anschaulich alle prüfungsrelevanten Inhalte für die Kutschenführerschein-Lehrgänge sowie die Station „Sicherheit von Pferdegespannen" innerhalb des FN-Abzeichens FA 5.

Im Fokus des Kutschenführerscheins A – Privatperson stehen insbesondere das sichere, vorausschauende Fahren im Straßenverkehr und im Gelände, die korrekte Ausbildung zum verkehrssicheren Pferd sowie Sicherheitsaspekte bei Wagen, Geschirr und der übrigen Ausrüstung sowie versicherungsrelevante Fragen.

Die Inhalte werden mithilfe zahlreicher Fotos und Grafiken veranschaulicht. Dazu finden Gespannfahrer viele Praxistipps, wie sie die Sicherheit ihres Gespannes weiter optimieren können.
Berücksichtigt wird außerdem die aktuelle Gesetzgebung für private Pferdehalter und Fuhrbetriebe aber auch zu erwartende Entwicklungen im Bereich der gewerblichen Fuhrhaltereien.

184 Seiten, zahlreiche farbige Fotos/Abbildungen
Format: 148 x 210 mm, kt.
ISBN: 978-3-88542-708-7
€ 19,90

Erhältlich im FNverlag, Buchhandel und in Reitsportfachgeschäften.

FNverlag
der Deutschen Reiterlichen Vereinigung GmbH
Fachkompetenz rund ums Pferd
Postfach 11 03 63
48205 Warendorf
→ Tel.: +49 (0)2581 6362-154/-254
Fax: +49 (0)2581 6362-212
E-Mail: vertrieb-fnverlag@fn-dokr.de
www.fnverlag.de

AUFGABENHEFT

FAHREN

2018

Anforderungen und Kriterien im deutschen Turniersport gem. LPO

(Nationale und internationale Aufgaben)

Neue Fassung –
gültig ab 1. Januar 2018

Deutsche Reiterliche Vereinigung e.V. (FN)

Änderungen von internationalen Aufgaben der FEI
finden Sie auch unter **www.FEI.org**

Bibliografische Information der Deutschen Nationalbibliothek
Die Deutsche Nationalbibliothek verzeichnet diese Publikation in der Deutschen Nationalbibliografie; detaillierte bibliografische Daten sind im Internet über http://dnb.dnb.de abrufbar.

Herausgegeben von der Deutsche Reiterlichen Vereinigung e.V. (FN),
Bereich Sport, Abteilung Ausbildung und Wissenschaft,
Freiherr-von-Langen-Straße 13, 48231 Warendorf,
Telefon: +49 (0)2581 6362-0, Fax: +49 (0)2581 62144
Internet: www.pferd-aktuell.de, E-Mail: mgrabowski@fn-dokr.de

Neuauflage 2018 (Druck Oktober 2017)

Bearbeitetung und Texte: FN-Arbeitskreis Fahren, Dr. Klaus Christ, Karl-Heinz Geiger, Dieter Lauterbach, Klaus Ridder, Rudolf Temporini

Korrektorat: Korrekturbüro G. und W. Kirchhoff, Büren-Brenken

Zeichnungen: Rudolf Strecker, Beelen, Uwe Spenlen, Rösrath
Josef Middendorf, Steinfeld
Ute Schmoll, Bad Schwalbach

Satz und Layout: **FN***verlag*, Warendorf

Druck: Darpe Industriedruck GmbH & Co. KG, Warendorf

ISBN 978-3-88542-417-8 (komplett mit Ordner)
ISBN 978-3-88542-418-5 (nur Inhalt)

INHALTSVERZEICHNIS

 Druck: Oktober 2017

I. Allgemeines

1. Die Ethischen Grundsätze des Pferdefreundes

- Wer auch immer sich mit dem Pferd beschäftigt, übernimmt die Verantwortung für das ihm anvertraute Lebewesen.
- Die Haltung des Pferdes muss seinen natürlichen Bedürfnissen angepasst sein.
- Der physischen wie psychischen Gesundheit des Pferdes ist unabhängig von seiner Nutzung oberste Bedeutung einzuräumen.
- Der Mensch hat jedes Pferd gleich zu achten, unabhängig von dessen Rasse, Alter und Geschlecht sowie Einsatz in Zucht, Freizeit oder Sport.
- Das Wissen um die Geschichte des Pferdes, um seine Bedürfnisse sowie die Kenntnisse im Umgang mit dem Pferd sind kulturgeschichtliche Güter. Diese gilt es zu wahren und zu vermitteln und nachfolgenden Generationen zu überliefern.
- Der Umgang mit dem Pferd hat eine persönlichkeitsprägende Bedeutung gerade für junge Menschen. Diese Bedeutung ist stets zu beachten und zu fördern.
- Der Mensch, der gemeinsam mit dem Pferd Sport betreibt, hat sich und das ihm anvertraute Pferd einer Ausbildung zu unterziehen. Ziel jeder Ausbildung ist die größtmögliche Harmonie zwischen Mensch und Pferd.
- Die Nutzung des Pferdes im Leistungs- sowie im allgemeinen Reit-, Fahr- und Voltigiersport muss sich an seiner Veranlagung, seinem Leistungsvermögen und seiner Leistungsbereitschaft orientieren. Die Beeinflussung des Leistungsvermögens durch medikamentöse sowie nicht pferdegerechte Einwirkung des Menschen ist abzulehnen und muss geahndet werden.
- Die Verantwortung des Menschen für das ihm anvertraute Pferd erstreckt sich auch auf das Lebensende des Pferdes. Dieser Verantwortung muss der Mensch stets im Sinne des Pferdes gerecht werden.

Zu diesem Thema können die Broschüre „Ethik im Pferdesport, Teil I: Die Ethischen Grundsätze des Pferdefreundes", (kostenfrei) mit ausführlichen Erläuterungen sowie das farbige Kinderposter „Das 1 x 9 der Pferdefreunde" (0,50 Euro) in kindgerechter Aufmachung bei der Deutschen Reiterlichen Vereinigung e.V. (FN), FN-Service, Warendorf, Telefon 02581 6362-222, bezogen werden. Es wird eine Versandkostenpauschale in Höhe von 3,00 Euro erhoben. Kostenfreier Download auf www.pferd-aktuell.de/Broschüren, Formulare, Verträge, Unterrichtsmaterial

2. Grundregeln des Verhaltens im Pferdesport (Verhaltenskodex)

1. Der Fahrbetrieb muss von respektvollem Umgang miteinander geprägt sein. Unabhängig von persönlichen Fähigkeiten, Ausbildungsstand, sportlichem Erfolg, Reit- und Fahrweise, eingesetzter Pferderasse und materiellen Möglichkeiten verdient jeder Pferdesportler die gleiche Achtung und Wertschätzung. Der Pferdesport steht dabei Sportlern mit und ohne Behinderung gleichermaßen auf allen Ebenen offen.

2. Jeder Pferdesportler ist zu einer fairen und konstruktiven Auseinandersetzung mit einem Fahrerkameraden verpflichtet, wenn bei diesem Missstände in Ausbildung und Umgang mit dem Partner Pferd und damit ein Verstoß gegen die „Ethischen Grundsätze des Pferdefreundes" zu erkennen sind.

3. Erfolg oder Misserfolg im Fahrsport hängen ursächlich von fahrerischen Qualitäten ab. Die (selbst-)kritische aufmunternde und Auseinandersetzung mit der Leistung des Einzelnen oder einer Gruppe ist ehrlicher und wirkungsvoller, als die Fehlerquelle in der Eignung des Pferdes zu suchen.

4. Der Ausbilder muss in pädagogisch einwandfreiem Unterricht fachlich fundiert und motivierend fördern und zugleich Persönlichkeitsentwicklung, eigenverantwortliches Handeln und soziales Verhalten der ihm anvertrauten Schüler fördern. Er soll jederzeit Vorbild sein, ist in höchstem Maße dem Horsemanship verpflichtet und lehnt alle Formen der verbotenen Leistungsbeeinflussung ab.

5. Der Schüler bringt dem Fahrlehrer denselben Respekt entgegen, den er von ihm erwartet oder bekommt. Ein offenes Gespräch über Ängste und Überforderung hilft mehr als eine emotionale Diskussion.

6. Eltern der Fahrschüler sollen motivierend auf ihre Kinder einwirken und die Erwartungen an die sportliche Entwicklung den realen Gegebenheiten anpassen. Übertriebener Ehrgeiz der Eltern fördert Kinder und Jugendliche nicht.

7. Der Pferdesportler vertraut dem Stallbetreiber und dessen Personal sein Pferd an und erwartet eine gute Behandlung sowie eine den Bedürfnissen des Pferdes angepasste Haltung. Die erbrachte

Dienstleistung des Betriebes insgesamt, wie des einzelnen Mitarbeiters, muss anerkannt und honoriert werden. Eventuelle Missstände sind sachlich zu diskutieren und zu beheben.

8. Der Turnierrichter muss eine Leistung vorurteilsfrei und auf der Basis seiner fachlichen Qualifikation bewerten und darf sich nie dem Verdacht der Befangenheit aussetzen.

9. Der Turniersportler hat den Urteilsspruch des Richters im beurteilenden Richtverfahren zu akzeptieren. Bleibt eine Entscheidung unverständlich, ist das klärende Gespräch mit dem Richter das einzig faire Mittel. Polemik in der Öffentlichkeit diskreditiert den Fahrer und verstößt gegen die Grundregeln des Sports.

10. Der Betreiber eines Handelsstalls bzw. der Pferdeverkäufer muss über die gesetzlichen Vorschriften hinaus im Pferdeverkauf verantwortungsvoll handeln und die Vermittlung eines Pferdes am Ausbildungsstand von Pferd und Käufer sowie an der beabsichtigten Nutzung des Pferdes ausrichten.

11. Der Funktionär im Pferdesport muss sich seiner Vorbildfunktion und besonderen Verantwortung für den Sport- und Freizeitpartner Pferd bewusst sein. Er ist nicht nur für den ordnungsgemäßen Betrieb eines Reit- und Fahrstalls, Verbandes, Turniers o.Ä. zuständig, sondern hat zugleich als Ansprechpartner für Politik, Landwirtschaft und Wirtschaft die Interessen der Pferdesportler und Züchter wahrzunehmen und zu vertreten.

12. Jeder Pferdesportler ist Nutznießer der vorhandenen Strukturen und Möglichkeiten innerhalb seines Sports. All jene, die sich ehren- oder hauptamtlich für die langfristige Sicherung des Pferdesports als Breitensport in Natur und Umwelt sowie als Leistungssport einsetzen, verdienen Anerkennung und Unterstützung.

Zu diesem Thema kann die Broschüre „Ethik im Pferdesport, Teil II: Grundregeln des Verhaltens im Pferdesport", (kostenfrei) bei der Deutschen Reiterlichen Vereinigung e.V. (FN), FN-Service, Warendorf, Telefon 02581 6362-222, bezogen werden. Es wird eine Versandkostenpauschale in Höhe von 3,00 Euro erhoben. Kostenfreier Download auf www.pferd-aktuell.de/Broschüren, Formulare, Verträge, Unterrichtsmaterial

Die Ethischen Grundsätze und die Grundregeln des Verhaltens im Pferdesport gelten für alle Disziplinen.

Druck: Oktober 2017

3. Anforderungen an das Fahren in Dressurprüfungen (§ 715 LPO)

Nach § 715 der LPO werden die Anforderungen an das Fahren in Dressurprüfungen durch das Aufgabenheft zur LPO und durch die Richtlinien für Fahren, Band 5, bestimmt.
Dressurprüfungen werden, wenn nicht ausdrücklich etwas anderes bestimmt ist, immer auswendig gefahren.

3.1 Das gefahrene Gespann

Das gefahrene Pferd sollte den Grundkriterien der Ausbildungsskala entsprechen. Demnach zeigt es Takt, Losgelassenheit, Anlehnung, Schwung, Geraderichtung und Versammlung jeweils im Rahmen der entsprechenden Klasse. Die Durchlässigkeit ist das Ergebnis einer systematischen, gymnastizierenden Ausbildung. Das Pferd befindet sich im Gehorsam und folgt den Hilfen des Fahrers sicher und vertrauensvoll. Das Fahrpferd bewegt sich im Gleichgewicht und trägt sich in Selbsthaltung. Sein Rahmen und seine Haltung entsprechen unter Berücksichtigung der körperlichen Voraussetzungen den gestellten Anforderungen mit dem jeweiligen Versammlungsgrad. Das Genick ist stets der höchste Punkt und die Stirn-/Nasenlinie bleibt etwas vor der Senkrechten. Eine deutliche Vorwärtstendenz ist in allen Gangarten und Übergängen erkennbar; auch in den versammelten Tempi bewegt sich das Pferd gleichbleibend fleißig.

3.2 Leinenführung

Die Leinenführung verlangt eine schulmäßige Ausbildung des Fahrers nach dem System Achenbach. Für alle Gebrauchs- und Dressurprüfungen sowie Stilprüfungen und Wettbewerbe der Klassen E und A ist dieses System für alle Anspannungsarten vorgeschrieben. In den Klassen M und S ist die Leinenführung beliebig.

3.3 Sitz und Haltung des Fahrers

Der Fahrer soll auf dem Bock ungezwungen und natürlich gerade sitzen. Die linke Fahrerhand steht aufrecht vor der Mitte des Leibes. Die rechte Hand hält die Peitsche, die nach links vorwärts-aufwärts zeigt. Der Oberkörper bleibt beim Nachgeben wie auch beim Annehmen stets senkrecht. Der Fahrer soll mit Gefühl, überlegt und eindeutig, jedoch möglichst unauffällig einwirken. Übertriebene Stimmhilfe ist nicht erwünscht.

 Druck: Oktober 2017

3.4 Das Fahrpferd im Halten

Das Pferd steht geradegerichtet, ausbalanciert und möglichst geschlossen auf allen vier Beinen in Aufrichtung am Gebiss. Auf absolutes Stillstehen im Geschirr und danach gehorsames, gleichmäßiges Anziehen muss größter Wert gelegt werden.

Der Übergang zum Halten ist so auszuführen, dass sich der Kopf des Pferdes bzw. die Köpfe der vordersten Pferde über oder an dem jeweiligen Bahnpunkt befinden, außer es wird in der Aufgabe ausdrücklich etwas anderes (z.B. Fahrer auf der Mittellinie) verlangt.

3.5 Der Schritt

Kriterien für alle Schritttempi sind das Schreiten im klaren geregelten Viertakt, der Fleiß und der vom Gangmaß abhängige Raumgriff.

a) Mittelschritt (FEI = Schritt)

Die Hinterhufe fußen über die Spur der Vorderhufe hinaus. Das Pferd schreitet mit stetiger und weicher Anlehnung, wobei der Fahrer die natürliche Nickbewegung des Pferdes zulässt.

b) Starker Schritt (FEI = freier Schritt)

Das Pferd bewegt sich mit weiten, raumgreifenden Schritten. Die Schrittlänge ist abhängig von der naturgegebenen Veranlagung und dem Körperbau des Pferdes. Ein weiteres Vorfußen als im Mittelschritt muss deutlich markiert sein.
Die Fahrerhand gestattet die notwendige Dehnung durch Verlängerung des Leinenmaßes, ohne dabei die Anlehnung aufzugeben. Die natürliche Nickbewegung wird zugelassen.

3.6 Der Trab

Kriterien für alle Trabtempi sind der klare Zweitakt und eine gute Schwungentfaltung mit einem erkennbaren Moment der freien Schwebe.

a) Gebrauchstrab

Die Pferde gehen taktmäßig und schwungvoll gerade vorwärts, und stehen dabei mit einer dem Rahmen entsprechenden relativen Aufrichtung in sicherer Anlehnung.

b) Tritteverlängern

Das „Tritteverlängern" ist als Vorstufe des Mitteltrabes zu verstehen.

Hierbei sollte vermehrter Raumgriff mit entsprechender Rahmenerweiterung erkennbar sein, ohne dass das Pferd eiliger wird.

c) Mitteltrab

Im Mitteltrab gewinnt das Pferd durch größeren Raumgriff mehr Boden, ohne in der Trittfolge eiliger zu werden. Der kräftige Schub der Hinterbeine veranlasst das Pferd zum energischen Abfedern und zum vermehrten Vortritt. Die Hinterhufe treten über die Spur der Vorderhufe. Eine Erweiterung des Rahmens wird deutlich erkennbar.

d) Starker Trab

Der starke Trab ist die höchste Steigerung der Vorwärtsbewegung im Trab und zeigt den größtmöglichen Schwung, Schub und Raumgriff im Einklang mit der entsprechenden Rahmenerweiterung. Die Hinterhufe des Pferdes fußen deutlich über die Spur der Vorderhufe.

e) Versammelter Trab

Im versammelten Trab nehmen die Hinterbeine bei stärker gebeugten Hanken mehr Last auf. Dadurch verkürzt sich der Raumgriff ohne Einschränkung an Fleiß und Schwung. Die Tritte werden erhabener und kadenzierter, die relative Aufrichtung verändert sich entsprechend. Die Hinterhufe fußen bis in die Spur der Vorderhufe.

3.7 Der Galopp

Kriterien für alle Galopptempi sind der klare Dreitakt mit einem Moment der freien Schwebe. Das Pferd springt in Bergauftendenz mit den Hinterbeinen möglichst weit in Richtung unter den Körperschwerpunkt. Im Galopp darf das Pferd auch auf gerader Linie geringfügig gestellt sein.

a) Arbeitsgalopp

Der Arbeitsgalopp ist geregelt, fleißig und schwungvoll.

b) Starker Galopp

Im starken Galopp wird der größtmögliche Bodengewinn bei entsprechender Rahmenerweiterung erzielt. Der Galoppsprung wird gegenüber dem Arbeitsgalopp nicht eiliger.

c) Versammelter Galopp

Im versammelten Galopp nimmt die deutlich unterspringende Hinterhand vermehrt Last auf, ohne an Fleiß zu verlieren. Der Galoppsprung wird erhabener, der Bodengewinn wird geringer.

3.8 Die Übergänge

Die Übergänge von einer Gangart in die andere bzw. von einem Tempo in das andere sollen sich bei weicher Einwirkung fließend, geschmeidig und deutlich erkennbar vollziehen. Das geschieht idealerweise in dem Moment, in dem sich der Kopf des Pferdes an dem für den Übergang angegebenen Bahnpunkt befindet. Die Pferde müssen dabei leicht am Gebiss bleiben. Mit dem Übergang in ein höheres Gangmaß erfolgt eine Rahmenerweiterung, die den vermehrten Raumgewinn der Schritte und Tritte ermöglicht. Die Rückführung sollte geschmeidig, durchlässig und mit Takterhalt erfolgen. Beim Übergang zum Halten wird die Vorwärtsbewegung des Pferdes geschmeidig aufgefangen. Die Hinterbeine fußen gleichmäßig in Richtung unter den Körperschwerpunkt, bis das Pferd zum Halten kommt. Im Halten steht das Pferd geradegerichtet, unbeweglich, ausbalanciert und geschlossen auf allen vier Beinen. Die Bremsenhilfe hat so rechtzeitig einzusetzen, dass sie mit der Leinenhilfe übereinstimmt.
Die Übergänge zeigen am deutlichsten die Durchlässigkeit auf annehmende und nachgebende Leinenhilfen und bei Letzterer das Vorwärtsgehen der Pferde.

3.9 Wendungen in der Bewegung (Zirkel, Volten, Ecken, Kehrtwendungen und Schlangenlinien)

Die Wendungen müssen fließend und ohne Unterbrechung gefahren werden, wobei die Pferde gestellt und gebogen sein müssen. Ein „Hineinwerfen" in die Wendung ist fehlerhaft. Bei Zwei- und Mehrspännern sollen die äußeren Pferde die Wendung einleiten, ohne dass dabei die inneren Pferde zurückbleiben. Beim Fahren auf allen gebogenen Linien, die einen Wechsel in Stellung und Biegung erforderlich machen, sollen die Pferde

vor der neuen Stellung und Biegung einen kurzen Augenblick lang geradegestellt sein.
Bei Vier- und Mehrspännern sollen bei Wendungen und Bögen die Stellung und Biegung durch das ganze Gespann gehen, wobei die Stangenpferde (bzw. auch Mittelpferde) auf „Luke" gehen und das innere Stangenpferd den Wagen gut durchzieht.
Je höher die Klasse und je fortgeschrittener der Ausbildungsstand, desto deutlicher sollten die Ecken ausgefahren werden.

3.10 Rückwärtsrichten

Rückwärtsrichten muss von jedem Fahrpferd verlangt werden können. Es erfolgt willig und gleichmäßig ohne Stocken und Übereilung, wobei die Fußfolge als diagonaler Zweitakt klar erkennbar ist. Die Pferde stehen dabei am Gebiss und führen Tritt für Tritt gerade in dem geforderten Maß das Rückwärtsrichten aus. Ein Aus-der-Spur-Geraten der Kutsche kann nur geringfügig in der Bewertung berücksichtigt werden.

3.11 Leinen aus der Hand kauen lassen

Beim Leinen-aus-der-Hand-kauen-Lassen wird durch das Verlängern der Leinen oder das Vorgehen mit beiden Händen bei stetiger Verbindung zum Pferdemaul ein Dehnen des Halses nach vorwärts-abwärts erreicht. Die Stirnlinie des Pferdes bleibt vor der Senkrechten, die Dehnung sollte mindestens so weit erfolgen, dass sich das Pferdemaul auf der Höhe des Buggelenks befindet. Der Hals darf sich jedoch höchstens so weit dehnen, wie es die Erhaltung es Gleichgewichtes des Pferdes zulässt.

Takt und Tempo ändern sich nicht. Nach deutlich erkennbarer Dehnungsbereitschaft wird die ursprüngliche relative Aufrichtung wieder hergestellt.

3.12 Seitengänge

a) Schulterherein der Vorderpferde im Vierspänner

Die Lektion Schulterherein wird im versammelten Trab gefahren. Das äußere Vorderpferd geht nach innen versetzt (Schweif auf Höhe der Deichsel). Die Vorderpferde sind in einem Winkel von 30 Grad nach innen gebogen und leicht, aber beständig gestellt. Die inneren Hinterhufe fußen in die Spuren der äuße-

ren Vorderhufe. Fleiß, Takt und Aktivität der Hinterbeine bleiben permanent erhalten.
Die Stangenpferde bleiben geradegerichtet.

b) Übertreten beim Einspänner

Beim Übertreten wird das Pferd entgegengesetzt zur Bewegungsrichtung gestellt, aber nicht gebogen. Es ist darauf zu achten, dass das Pferd mit der Vorhand voraus sich vorwärts-seitwärts parallel zur Mittellinie bewegt.

3.13 Aussehen der Pferde und des Wagens

Bei allen Prüfungen der Klasse M/S im getrennten Richtverfahren wird für die Präsentation (Aufmachung und Erscheinungsbild von Fahrer und Beifahrer(n), Sauberkeit, Eignung, Zusammenpassen und Kondition der Pferde, des Geschirres und des Wagens) eine gesonderte Wertnote vergeben.

3.14 Beurteilung

In den Dressurprüfungen der Klassen E und A wird eine Gesamtwertnote vergeben, wobei sowohl mit dem Leitfaden als auch mit dem Notenbogen protokolliert werden darf. Ab der Klasse M sind Einzelnoten und der Gebrauch von Notenbögen verpflichtend (Ausnahme: Gesamtnoten in der Kür).

3.15 Leitgedanken

Allgemeine Hinweise zu den Aufgaben der Klassen M und S mit Auflistung der Schwerpunkte bei der Beurteilung der einzelnen Lektionen

Einfahren im Gebrauchstrab. Halten. Grüßen.	Erhalt von Takt, Qualität der Grundgangarten, Halten (geschlossen, stillstehen) und Übergänge, Anlehnung, Geraderichtung.
Gebrauchstrab.	Erhalt von Takt, Qualität des Trabes, Anlehnung, Balance und Schwung, Biegung und Stellung.
Mitteltrab.	Gleichmaß, Engagement der Hinterhand, Übertritt, Rahmenerweiterung, Rückentätigkeit.
Übergang zum versammelten Trab.	Harmonische Einleitung und Rückführung, Erhalt von Takt und Fluss, Qualität des Trabes, Rahmenveränderung, präzise Tempounterschiede.
Halbe Volte links, halbe Volte rechts bzw. Volte (Größe je nach Klasse 10 bis 30 m).	Erhalt von Takt, Qualität des Trabes, Anlehnung, Biegung und Stellung, Umstellen, Balance, Versammlung in Klasse M, Größe, Form.
Einfache Schlangenlinie, 5 bis 20 m, Abstand vom Hufschlag.	Erhalt von Takt, Stellung und Biegung, Umstellung, Größe, Symmetrie.
Doppelte Schlangenlinie.	Erhalt von Takt, Stellung und Biegung, Umstellung, Größe, Symmetrie.
Schlangenlinie entlang der Mittellinie, 3/5 Bögen (mit angegebener Meterzahl).	Erhalt von Takt, Qualität des Trabes, Anlehnung, gleichmäßige Biegung, Umstellen, Größe, Symmetrie.

Halten. 8/10 Sekunden Unbeweglichkeit.	Stillstehen, geschlossen, ausbalanciert, geradegerichtet, Anlehnung, Durchlässigkeit.
Rückwärtsrichten (Meter oder Tritte).	Diagonale Fußfolge, Trittzahl/ Meterzahl, geradegerichtet, Anlehnung, Durchlässigkeit, Übergang.
Leinen aus der Hand kauen lassen.	Erhalt von Takt und Tempo, sicheres Dehnen nach vorwärts-abwärts, Balance, Stellung und Biegung auf vorgegebener Linie, Anlehnung.
Übertreten.	Erhalt von Takt, Tempo und Stellung.
Schulterherein.	Erhalt von Takt, Tempo, Stellung und Biegung, Bewegung auf 3 Hufschlägen.
Starker Trab.	Energische Hinterhandaktivität, Trittverlängerung mit Rahmenerweiterung, deutlicher Übertritt, Steigerung gegenüber Mitteltrab.
Übergang starker Trab, versammelter Trab.	Harmonische Einleitung und Rückführung, Erhalt von Takt und Fluss, Qualität des Trabes, Rahmenveränderung, präzise Tempounterschiede.
Mittelschritt.	Takt, Losgelassenheit, Fleiß, Dehnung ans Gebiss, Raumgriff, Übertritt, Schulterfreiheit, Schreiten durch den Körper.
Starker Schritt.	Takt, Losgelassenheit, Fleiß, Dehnung ans Gebiss, Raumgriff, Übertritt, Schulterfreiheit, Schreiten durch den Körper mit größtmöglicher Rahmenerweiterung und Raumgewinn.

Druck: Oktober 2017

Arbeitsgalopp.	Erhalt von Takt, fleißig und schwungvoll, Bergauftendenz.
Versammelter Galopp.	Erhalt von Takt, vermehrte Lastaufnahme der Hinterhand, weniger Raumgewinn, jedoch erhaben mit Bergauftendenz.
Starker Galopp.	Erhalt von Takt, raumgreifender Galoppsprung bei entsprechender Rahmenerweiterung, Steigerung zum Arbeitsgalopp.
Übergänge vom versammelten Galopp zum starken Galopp und zum versammelten Galopp.	Harmonische Einleitung und Rückführung, Erhalt von Takt und Durchsprung, Rahmenveränderung, Geraderichtung.

Wertnotenskala gem. § 57 LPO

10 = ausgezeichnet

9 = sehr gut

8 = gut

7 = ziemlich gut

6 = befriedigend

5 = genügend

4 = mangelhaft

3 = ziemlich schlecht

2 = schlecht

1 = sehr schlecht

0 = nicht ausgeführt

5. Vierecke und Hufschlagfiguren für Fahrpferde

Dressurviereck „Fahrpferde" 40 x 100 m

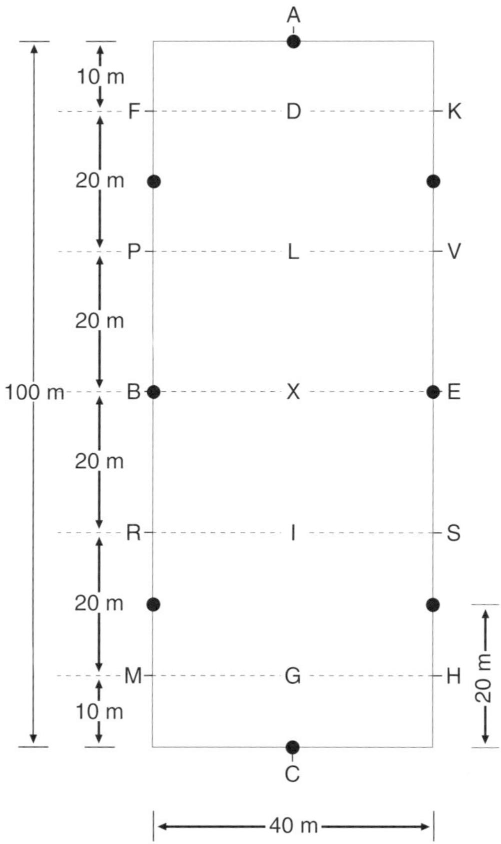

2 bis 3 Richter: Können an beliebigen Buchstaben positioniert werden, mindestens ein Richter jedoch bei C.

5 Richter: Bei C-R-S-V-P oder bei C-M-H an der kurzen Seite sowie B und E (M und H 5 m von der Ecke)

● Zirkelpunkte

Druck: Oktober 2017

Dressurviereck „Fahrpferde" 20 x 60 m (Halle)

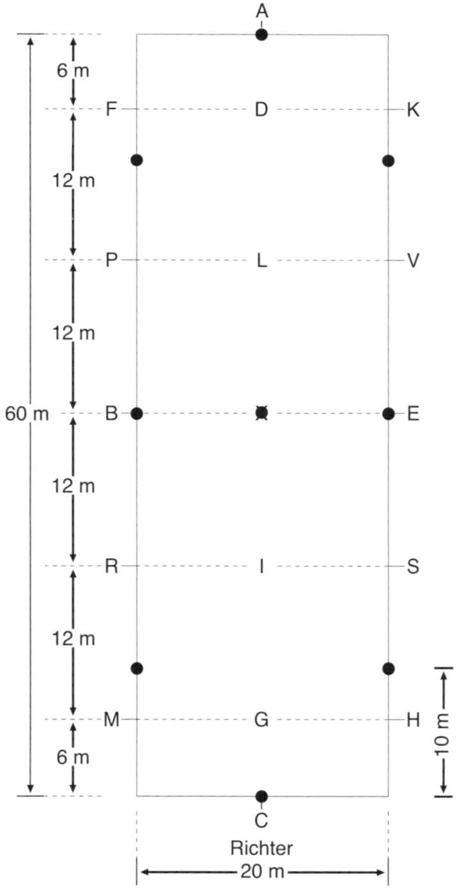

● Zirkelpunkte

Dressurviereck „Fahrpferde" 40 x 80 m

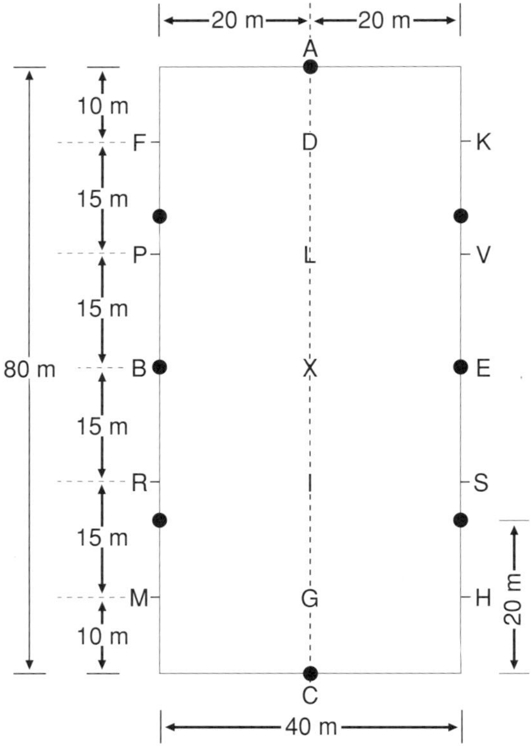

● Zirkelpunkte

 Druck: Oktober 2017

Beispiel Hufschlagfiguren „Fahrpferde" 40 x 100 m

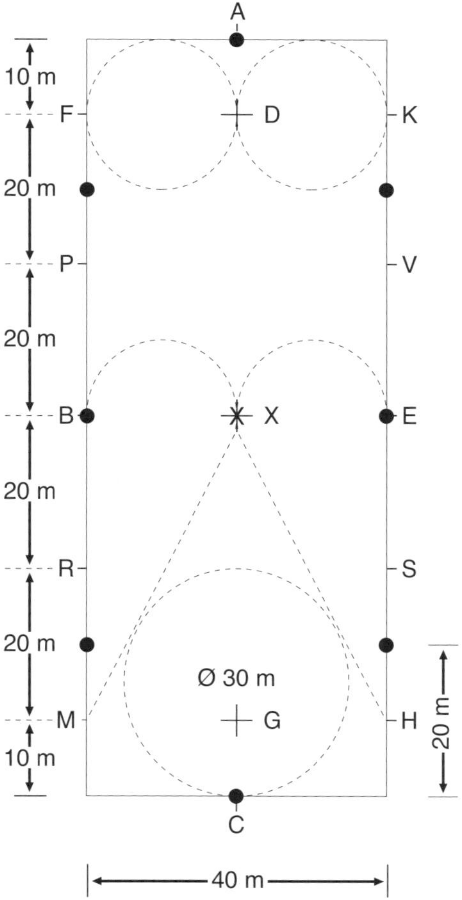

- - - - - - - Volten und Kehrtwendungen

● Zirkelpunkte

Beispiel Hufschlagfiguren „Fahrpferde" 40 x 80 m

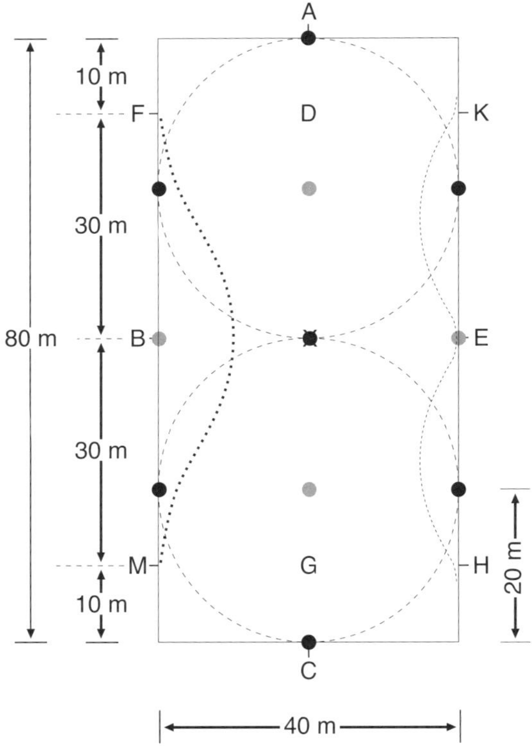

● Zirkelpunkte

● Zirkelpunkte für Mittelzirkel

- - - - - - - - - Zirkellinien

.... Schlangenlinien an der langen Seite

_ _ _ _ _ _ _ _ doppelte Schlangenlinie

Beispiel Hufschlagfiguren „Fahrpferde" 40 x 100 m

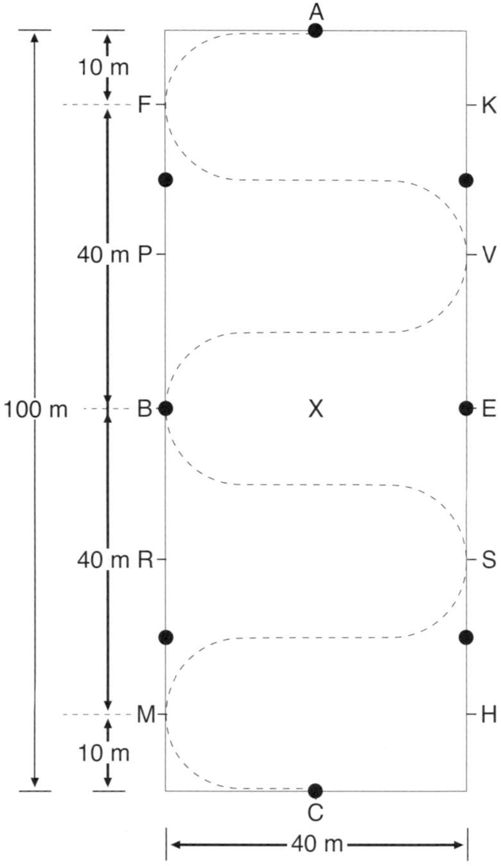

- - - - - - - Schlangenlinie durch die Bahn, 5 Bögen

● Zirkelpunkte

Beispiel Hufschlagfiguren „Fahrpferde" 40 x 80 m

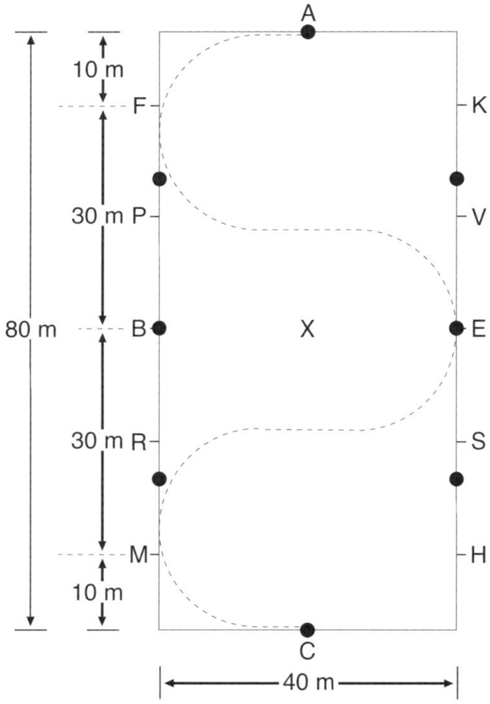

- - - - - - - Schlangenlinie durch die Bahn, 3 Bögen

● Zirkelpunkte

Beispiel Hufschlagfiguren „Fahrpferde“ 40 x 80 m

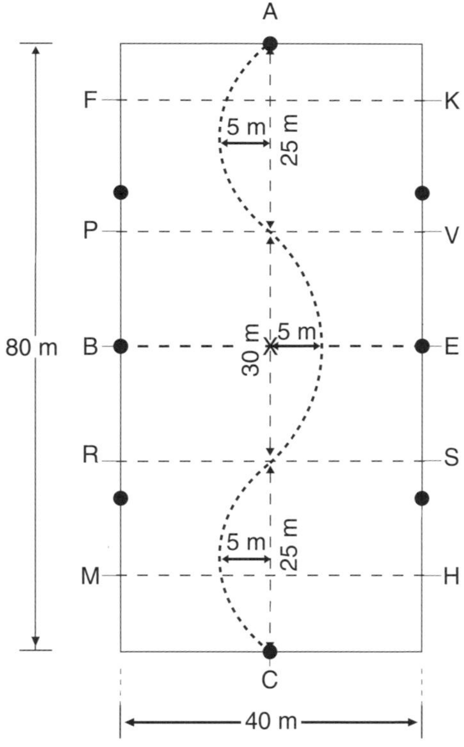

--------------- Schlangenlinie entlang der Mittellinie, 3 Bögen

● Zirkelpunkte

Beispiel Hufschlagfiguren „Fahrpferde" 40 x 100 m

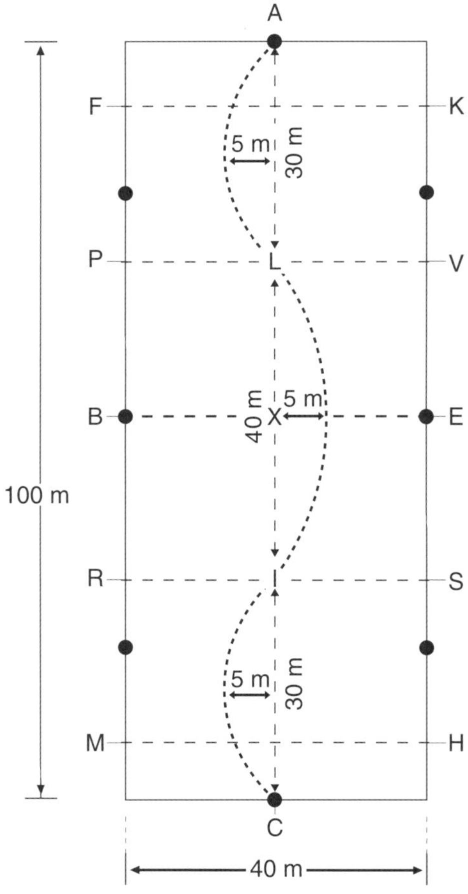

---------------- Schlangenlinie entlang der Mittellinie, 3 Bögen

● Zirkelpunkte

Beispiel Hufschlagfiguren „Fahrpferde" 40 x 100 m

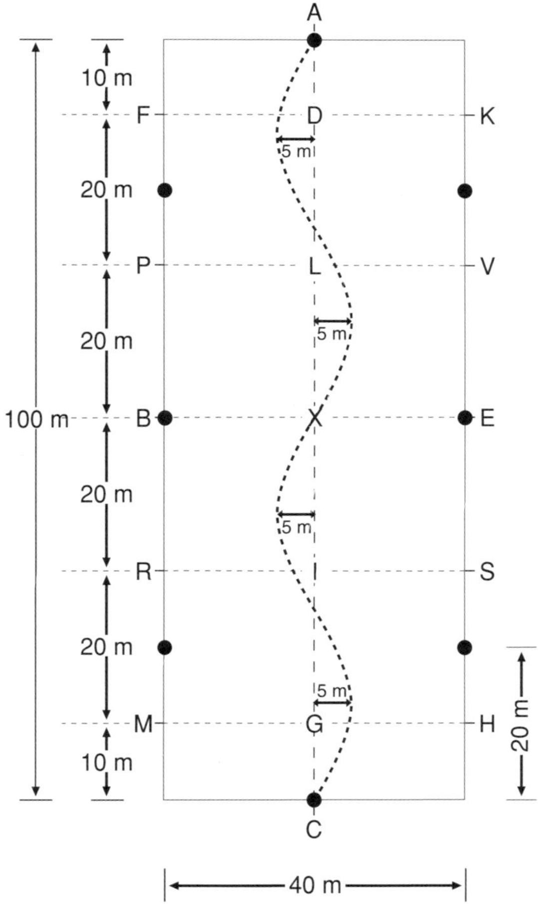

- - - - - - - Schlangenlinie entlang der Mittellinie, 4 Bögen

● Zirkelpunkte

Druck: Oktober 2017

II. Fahrer-Wettbewerbe gem. WBO

1. Vorbemerkung

Der Fahrer-Wettbewerb ist der erste und einfachste Wettbewerb für den Nachwuchsfahrer.
Die Aufgabenstellung muss entsprechend einfach sein, um mit positiven Erfahrungen Anreiz für weitere Starts zu geben.
Grundkenntnisse des Achenbach'schen Systems werden vom Fahrer verlangt.

Voraussetzungen und Ausrüstung
Der Wettbewerbsplatz sollte ca. 40 x 80 m groß sein.
Der Anzug des Fahrers kann ein beliebiger, zweckmäßiger Straßenanzug mit Hut bzw. der korrekte Reitanzug sein.
Die Ausrüstung der Fahrpferde bzw. Fahrponys sowie der Gespanne hat den Vorgaben des § 71 LPO zu entsprechen.

Anforderungen
Verlangt werden Einzel- oder Abteilungsfahren von Ein- oder Zweispännern nach Weisung der Richter in Anlehnung an die Anforderungen der Klasse E bzw. das Fahren der Aufgaben FW 1 oder FW 2 des Aufgabenheftes zur LPO; maßgebend ist die genehmigte Ausschreibung.
Nach Weisung der Richter sind z.B.:
- Schritt auf beiden Händen,
- Gebrauchstrab auf beiden Händen (evtl. mit Tritteverlängern),
- Achten auf dem ganzen Platz verteilt,
- Halten,
- einfache Schlangenlinie an der langen Seite

zu fordern.
Das Durchfahren einzelner Hindernisse (Kegelpaare, Spurbreite plus 50 cm) kann je nach Ausschreibung verlangt werden; ohne Abzüge für Umwerfen eines Hindernisses oder Abwurf eines Balles bzw. Ungehorsam des Pferdes oder Absteigen des Fahrers/Beifahrers.
Dritter Ungehorsam oder drittes Absteigen des Fahrers/Beifahrers führt jedoch zum Ausschluss.

Bewertung

Beurteilt werden Haltung, Leinen- und Peitschenführung des Fahrers sowie der Gesamteindruck der Vorstellung.

- Haltung:
  Sitz und Haltung des Fahrers auf dem Bock.
- Leinenführung und Peitschenführung werden nach den Gundzügen des Achenbach'schen Fahrsystems bewertet, wie z.B. Verkürzen und Verlängern der Leinen, Einsatz der treibenden Hilfen und das Fahren von Wendungen.
- Gesamteindruck:
  Zum Gesamteindruck gehören das Herausgebrachtsein und das Zusammenpassen von Pferd/Wagen und Fahrer sowie die harmonische Vorstellung und das Verhalten des Teilnehmers. Ein gepflegtes, altes Geschirr darf nicht weniger positiv beurteilt werden als ein neues, wertvolles Geschirr. Die Qualität der Bewegungen der Pferde soll nicht beurteilt werden, sondern die Hilfengebung und die Einwirkung des Fahrers sind für die Wertnotenfindung entscheidend.

2. Fahrer-Wettbewerbe Aufgaben FW 1 und FW 2

Aufgabe FW 1

(Für Ein- oder Zweispänner)

Viereck etwa 40 x 80 oder 40 x 100 m, Halle mindestens 20 x 40 m – Dauer: etwa 7 Minuten

Leinen aufnehmen. Aufsitzen.

Rechte Hand	Auf Anweisung der Richter bei 1 auf der rechten Hand anfahren. Gebrauchstrab. Vor der ersten Ecke Mittelschritt und nach 3 durch die ganze Bahn wechseln. Während des Wechselns in der Mitte der Bahn im Mittelschritt eine Linksvolte 4 (20 m Durchmesser), dann Gebrauchstrab.
Linke Hand	Bei den Ecken 5 und 6 Linkswendungen. Nach der Ecke 6 um die Kegel 7 und 8 eine Schlangenlinie fahren, danach
Rechte Hand	Leinenführung beliebig und aus dem Trab bei 1 mit der Vorderachse am Kegel halten.
	Absitzen. Leinen abhängen.

Parcours FW 1

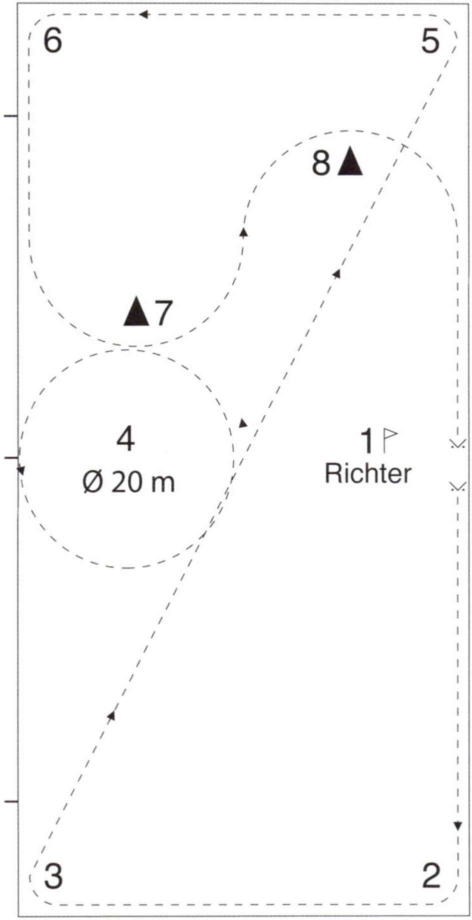

Aufgabe FW 2

(Für Ein- oder Zweispänner)

Viereck etwa 40 x 80 oder 40 x 100 m, Halle mindestens 20 x 40 m – Dauer: etwa 5 Minuten

Leinen aufnehmen. Aufsitzen.

Linke Hand	Auf Anweisung der Richter vom Start auf der linken Hand im Gebrauchstrab anfahren. Nach der kurzen Seite Tritte verlängern und vor der Ecke wieder zurückführen, dann zum Mittelschritt durchparieren. Kehrtwendung (20 m).
Rechte Hand	Nach Erreichen des Hufschlags wieder antraben und einen Mittelzirkel anlegen (1-mal herum). Vor der nächsten Ecke zum Mittelschritt durchparieren. Zwischen den beiden Rechtswendungen Mittelschritt. Nach der zweiten Rechtswendung wieder antraben und sofort eine einfache Schlangenlinie anlegen. Vor der nächsten Ecke wieder zum Mittelschritt durchparieren. Kehrtwendung (20 m).
Linke Hand	Mit der Vorderachse auf der Ziellinie halten.
	Absitzen. Leinen abhängen.

Druck: Oktober 2017

Parcours FW 2

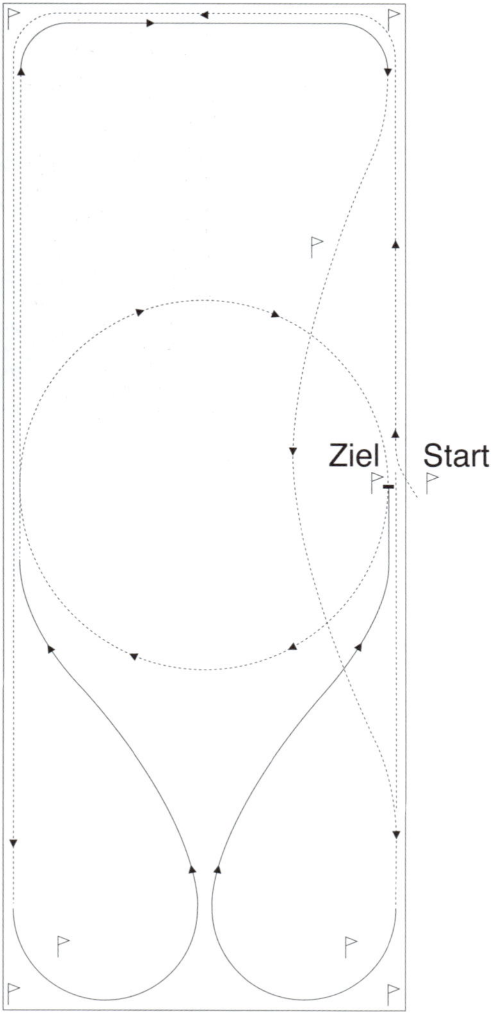

Die Kunst des Fahrens

Nachdem in den letzten Jahren der Fahrsport durch sein internationale Anerkennung wieder vermehrt an Bedeutung gewonnen hat, ist es nur allzu verständlich, dass damit auch der Ruf nach seinen Grundlagen größer geworden ist.

Der erfahrene und anerkannte Fahrexperte Christian Lamparter formulierte eine Fahrlehre, die dem Fahrer das Achenbach'sche Fahrsystem „übersichtlich, leicht verständlich, kurz zusammengefasst und auf das Wesentliche beschränkt" vermittelt.
(Vorwort von Oberst a.D. W. Schaeffer, 1988)

Aus dem Inhalt:

- Allgemeines zur Fahrlehre, zur Hilfengebung und zu Fehlern
- Das Achenbach'sche Fahrsystem in Kürze, Achenbachleine
- Geschirrlehre
- Spreng- und Spielwaage
- Stilarten und die Wagen
- Turniergemäßes Herausbringen eines Gespannes
- Doppellonge
- Einfahren junger Pferde
- Fahren im Straßenverkehr
- Fahren mit 4 und 6 Pferden
- Anfertigung von Leinen

80 Seiten, zahlreiche Zeichnungen und Fotos
Format: 148 x 210 mm, gb.
ISBN: 978-3-88542-503-8
€ 12,80*

* unverbindliche Preisempfehlung

Erhältlich im FN*verlag*, Buchhandel und in Reitsportfachgeschäften.

FNverlag
der Deutschen Reiterlichen Vereinigung GmbH
Fachkompetenz rund ums Pferd
www.fnverlag.de

III. Basis- und Aufbauprüfungen gem. §§ 300 ff. LPO

Basis- und Aufbauprüfungen dienen dazu, den jungen Pferden einen ihrem Ausbildungsstand und ihren altersmäßig bedingten Fähigkeiten entsprechenden Einstieg in den Turniersport zu ermöglichen und sie mit anderen Pferden ihres Alters zu vergleichen. Sitz und Einwirkung des Fahrers beeinflussen die Vorstellung, dürfen jedoch nicht als direkte oder gar vordringliche Begründung des Urteils herangezogen werden.

1. Fahrpferdeprüfungen

Vorbemerkung
Als Einsteigerprüfung für ganz junge Fahrpferde dient sie neben der Beurteilung der Qualität in den Grundgangarten und des Körperbaus auch dazu, junge Pferde mit der Turnier- und Prüfungsatmosphäre vertraut zu machen.

Anforderungen
In Gruppen von bis zu drei Einspännern werden zunächst die Grundgangarten nach Anweisung der Richter auf beiden Händen überprüft. Anschließend ist von jedem Teilnehmer eine kurze Einzelaufgabe gem. Aufgabenheft zu fahren.
Danach werden für die Beurteilung von „Typ und Qualität des Körperbaus" die Pferde ausgespannt und abgeschirrt und nur mit einem Kopfgestell oder einer Trense an der Hand zeitlich unabhängig vorgestellt.

Beurteilung
Beurteilt werden gem. § 321 LPO die natürlichen Bewegungen des Pferdes in den beiden Grundgangarten Trab und Schritt sowie der Typ und die Qualität des Körperbaus im Hinblick auf die Verwendung als Fahrpferd. Die altersgemäße Erfüllung der Kriterien der Ausbildungsskala, die Beurteilung des Temperaments und der Harmonie der gesamten Vorstellung sind ein weiterer Schwerpunkt der Bewertung.

1.1 Richterkarte Fahrpferdeprüfung

Richterkarte: Fahrpferdeprüfung Nr. der Prfg. ....

Veranstaltungsort .... Tag ....

Wertnoten: 10 = ausgezeichnet, 9 = sehr gut, 8 = gut, 7 = ziemlich gut, 6 = befriedigend, 5 = genügend, 4 = mangelhaft,
3 = ziemlich schlecht, 2 = schlecht, 1 = sehr schlecht, 0 = nicht ausgeführt

(Es sind nur halbe und ganze Noten erlaubt)

	Programm-Nr./Name	**Gebrauchstrab** (Takt, Losgelassenheit, Elastizität, natürliche Schwungveranlagung, Rückentätigkeit, Engagement der Hinterhand, Raumgriff)	**Schritt** (Takt, Fleiß, Raumgriff, Ungebundenheit, losgelassenes Schreiten, Nickbewegung von Hals und Kopf, Dehnungsbereitschaft)	**Trabverstärkung** Takt, Losgelassenheit, Elastizität, natürliche Schwungveranlagung, Rückentätigkeit, Engagement der Hinterhand, Raumgriff, Rahmenerweiterung, Rückentätigkeit)	**Altersgemäße Erfüllung der Kriterien der Skala der Ausbildung** 1. Gefahrensein (Losgelassenheit, Anlehnung, natürliche Selbsthaltung, Durchlässigkeit) 2. Temperament und Ausdruck (Ausgeglichenheit, Aufmerksamkeit, Sensibilität des Pferdes) 3. Harmonie der Vorstellung	**Typ und Qualität des Körperbaus** (Typ, Körperqualität, Korrektheit des Fundaments)	Summe	: 5 = Wertnote	Platzierung
1. Abt.									
2. Abt.									
3. Abt.									
4. Abt.									
5. Abt.									

Unterschriften

1.2 Fahrpferdeprüfung

Viereck 40 x 80 m – Dauer: etwa 15 Minuten pro Abteilung

Teil A:	In der Abteilung zu fahren mit maximal 3 Gespannen Nach Weisung der Richter: Schritt, Gebrauchstrab, Gebrauchstrab mit Tritteverlängern
Teil B:	Einzelaufgabe
Teil C:	Vorstellung an der Hand

Einzelaufgabe zur Fahrpferdeprüfung

A-X-C	Einfahren im Gebrauchstrab.
C-H-E	Linke Hand.
E-B-E	Mittelzirkel (40 m). Zwischen B und E Leinen aus der Hand kauen lassen.
E-K-A-F	Gebrauchstrab.
F-M	Gebrauchstrab mit Tritteverlängern.
M-C	Gebrauchstrab.
C-H-X-F	Schritt.
F-A-D-X	Gebrauchstrab.
X	Halten. 10 Sekunden Unbeweglichkeit. Grüßen.
	Im Gebrauchstrab die Bahn verlassen.

Druck: Oktober 2017

2. Eignungsprüfungen für Fahrpferde/-ponys

Vorbemerkung
Diese Prüfung dient dazu, das am Beginn seiner Ausbildung stehende Pferd/Pony auf seine Eignung als Fahrpferd zum sofortigen Gebrauch zu prüfen. Durch die kleine Hindernisfolge ist sie auch als Vorbereitungsprüfung für spätere Hindernisfahrprüfungen geeignet.

Anforderungen
Die Pferde/Ponys haben eine Dressuraufgabe mit unmittelbar folgendem Hindernisfahren zu absolvieren. Das Hindernisfahren besteht aus einer Folge von sieben bis acht Hindernissen gemäß Aufgabenheft zur LPO. Die Breite der Hindernisse ergibt sich aus der Spurbreite plus 30 bis 40 cm.

Beurteilung
Beurteilt werden das Gefahrensein einschließlich Temperament (Bewegungsablauf und Erscheinungsbild eingeschlossen). Maßgebend ist die Eignung als Fahrpferd zum sofortigen Gebrauch. Die Teilkriterien Durchlässigkeit und Temperament werden als gleichberechtigt nebeneinandergestellt und während der gesamten Aufgabe und beim anschließenden Hindernisfahren beurteilt. Die Beurteilung erfolgt grundsätzlich anhand des Leitfadens „Eignungsprüfungen für Fahrpferde".

2.1 Leitfaden Eignungsprüfung für Fahrpferde Klasse A

(Es sind nur halbe und ganze Noten erlaubt!)

A. Dressur:	Note	Koeff.	Punkte
a) Grundgangarten 1. Schritt (Takt, Fleiß, Raumgriff, Schulterfreiheit, Rückentätigkeit)		x 1	
2. Gebrauchstrab (Takt, Schwung, Raumgriff, Rückentätigkeit, Aktivität der Hinterhand)		x 1	
3. Tritteverlängern (Takt, Schwung, Rahmenerweiterung, Bergauftendenz)		x 1	
b) Ausbildung (Anlehnung, Dehnungsbereitschaft und Dehnungshaltung, Stellung, Biegungsbereitschaft, Losgelassenheit, Gehorsam, Durchlässigkeit)		x 2	
B. Hindernisfahren (Gehorsam, Durchlässigkeit) **Zeit:** **Strafpunkte:**		x 1	
C. Gesamteindruck (Natürliche Bewegungsqualität, Erscheinungsbild, Temperament, Perspektive als Fahrpferd, Harmonie der Vorstellung)		x 1	
Wertnotensumme : 7 = Grundnote:	**Wertnotensumme:**		
Abzüge von der Grundnote: im Teil Dressur gem. LPO § 714/716, im Teil Hindernisfahren gem. LPO § 392/735	**: 7 = Grundnote:**		
Endnote:	**Abzüge:**		
	Endnote:		

2.2 Leitfaden Eignungsprüfung für Fahrpferde Klasse M

(Es sind nur halbe und ganze Noten erlaubt!)

A. Dressur:	Note	Koeff.	Punkte
a) Grundgangarten			
1. **Schritt** (Takt, Fleiß, Raumgriff, Schulterfreiheit, Rückentätigkeit)		x 1	
2. **Gebrauchstrab/Versammelter Trab** (Takt, Schwung, Raumgriff, Rückentätigkeit, Aktivität der Hinterhand)		x 1	
3. **Mitteltrab** (Takt, Schwung, Rahmenerweiterung, Bergauftendenz)		x 1	
4. **Galopp** (Takt, Losgelassenheit, Gleichgewicht, Schwung, Bodengewinn, Bergauftendenz)		x 1	
b) Ausbildung (Anlehnung, Dehnungsbereitschaft, Stellung, Biegungsbereitschaft, Losgelassenheit, Gehorsam, Durchlässigkeit, Versammlungsbereitschaft)		x 2	
B. Hindernisfahren (Gehorsam, Durchlässigkeit) **Zeit:** **Strafpunkte:**		x 1	
C. Gesamteindruck (Natürliche Bewegungsqualität, Erscheinungsbild, Temperament, Perspektive als Fahrpferd, Harmonie der Vorstellung)		x 1	
Wertnotensumme : 8 = Grundnote:	**Wertnotensumme:**		
Abzüge von der Grundnote: im Teil Dressur gem. LPO § 714/716, im Teil Hindernisfahren gem. LPO § 392/735	**: 8 = Grundnote:**		
Endnote:	**Abzüge:**		
	Endnote:		

2.3 Eignungsprüfungen für Fahrpferde/-ponys Aufgaben EF 1/A und B und EF 2/A und B

Aufgabe EF 1/A (Klasse A)

Viereck 40 x 80 m – Dauer: etwa 8 Minuten inkl. Parcours

A	Auf der rechten Hand im Gebrauchstrab einfahren.
C	Halten. Grüßen.
C-M-B-F-A	Gebrauchstrab.
A-X-A	Zirkel (40 m), an der offenen Seite Leinen aus der Hand kauen lassen.
A-K	Gebrauchstrab.
K-E-H	Tritte verlängern.
H-C	Gebrauchstrab.
C-A	Schlangenlinie durch die Bahn, 4 Bögen links beenden.
A-X-A	Zirkel (40 m), an der offenen Seite Leinen aus der Hand kauen lassen.
A-F	Gebrauchstrab.
F-B-M	Tritte verlängern.
M-C-H	Gebrauchstrab.
H-E-X-B-F-A	Mittelschritt.
A	Halten. 10 Sekunden Unbeweglichkeit, daraus im Gebrauchstrab anfahren.
A-K-H-C	Gebrauchstrab.
C	Start zum Hindernisparcours.
	Nach Beendigung des Hindernisparcours vor den Richtern halten und grüßen und im Gebrauchstrab die Bahn verlassen.

 Druck: Oktober 2017

Parcours EF 1/A

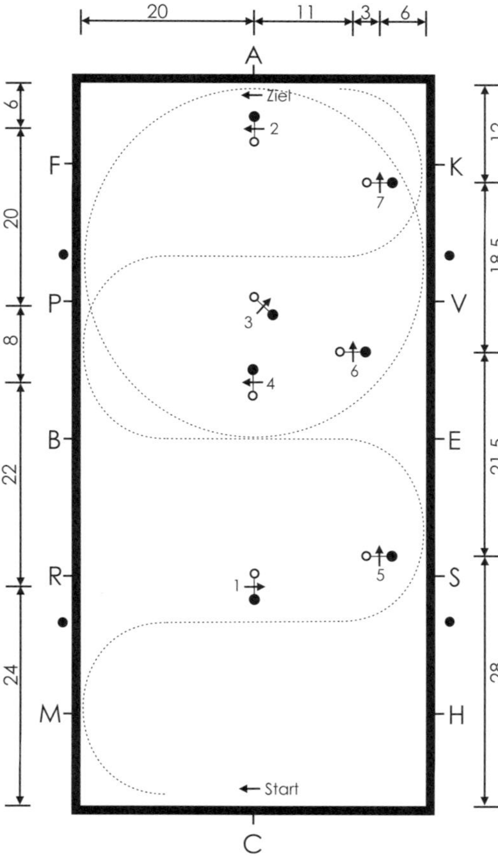

Erlaubte Zeit: 90 Sekunden im Parcours

Aufgabe EF 1/B (Klasse A)

Viereck 40 x 80 m – Dauer: etwa 8 Minuten inkl. Parcours

A	Auf der rechten Hand im Gebrauchstrab einfahren.
C	Halten. Grüßen. Im Gebrauchstrab anfahren.
C-A	Gebrauchstrab.
A-C	Schlangenlinie durch die Bahn, 3 Bögen, rechts beenden.
M-X-K	Durch die ganze Bahn wechseln, dabei Tritte verlängern.
K-A-B	Gebrauchstrab.
B-E-B	Zirkel (40 m).
Zwischen E und B	Leinen aus der Hand kauen lassen.
B	Ganze Bahn.
B-C-H	Gebrauchstrab.
H-X-F	Durch die ganze Bahn wechseln, dabei Tritte verlängern.
F	Gebrauchstrab.
A	Mittelschritt.
K-X-M-C	Im Mittelschritt durch die ganze Bahn wechseln.
C	Halten. 10 Sekunden Unbeweglichkeit, daraus im Gebrauchstrab anfahren.
C-E-A	Gebrauchstrab.
A	Start zum Hindernisparcours.
	Nach Beendigung des Hindernisparcours vor den Richtern halten und grüßen und im Gebrauchstrab die Bahn verlassen.

Druck: Oktober 2017

Parcours EF 1/B

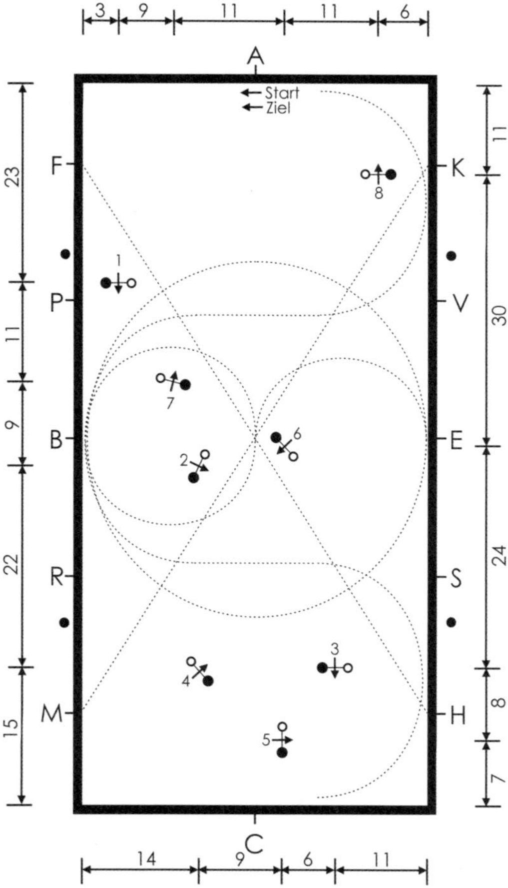

Erlaubte Zeit: 90 Sekunden im Parcours

Druck: Oktober 2017

Aufgabe EF 2/A (Klasse M)

Viereck 40 x 80 m – Dauer: etwa 9 Minuten inkl. Parcours

A	Auf der rechten Hand im Gebrauchstrab einfahren.
C	Halten. Grüßen.
C-M-B-F-A	Gebrauchstrab.
A-C	Schlangenlinie durch die Bahn, 3 Bögen, rechts beenden.
C-M	Gebrauchstrab.
M-X-K	Mitteltrab.
K-A-F-B	Gebrauchstrab.
B	Zirkel (40 m).
Zwischen B und E	Leinen aus der Hand kauen lassen.
Vor B	Zur geschlossenen Seite angaloppieren (1-mal herum).
B-X	Versammelter Trab, halbe Volte links.
X-E	Halbe Volte rechts.
E	Gebrauchstrab Zirkel (40 m).
Vor B	Zur geschlossenen Seite angaloppieren (1-mal herum).
B-X	Versammelter Trab, halbe Volte rechts.
X-G-C-H	Versammelter Trab.
H-X-F	Mitteltrab.
F-A	Gebrauchstrab.
A-K-X	Schritt.
X	Halten. 10 Sekunden Unbeweglichkeit, eine Pferdelänge rückwärtsrichten, daraus im Mittelschritt anfahren.
X-M-C	Mittelschritt.
C-H-E-K-A	Gebrauchstrab.
A	Start zum Hindernisparcours. Nach Beendigung des Hindernisparcours vor den Richtern halten und grüßen und im Gebrauchstrab die Bahn verlassen.

Druck: Oktober 2017

Parcours EF 2/A

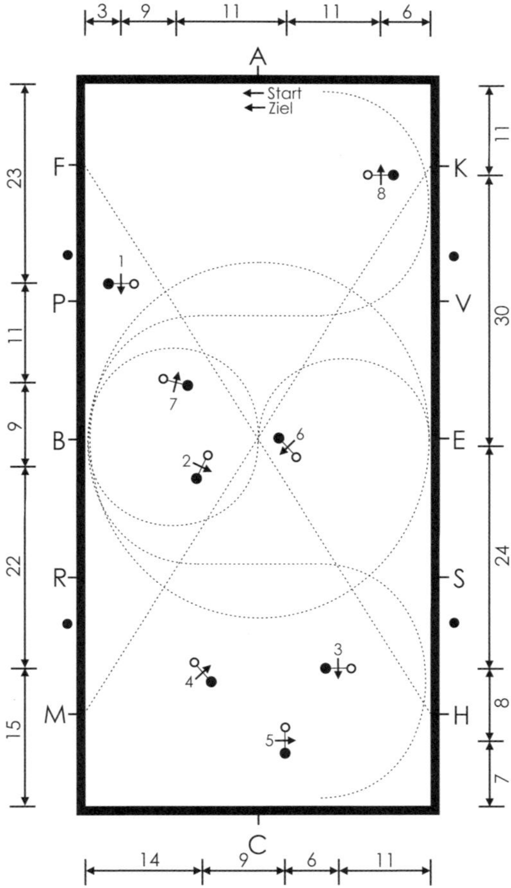

Erlaubte Zeit: 90 Sekunden im Parcours

Druck: Oktober 2017

Aufgabe EF 2/B (Klasse M)

Viereck 40 x 80 m – Dauer: etwa 7 Minuten

A-X	Einfahren im Gebrauchstrab.
X	Halten. Grüßen. Im Gebrauchstrab anfahren.
X-C-M	Gebrauchstrab.
M-B	Versammelter Trab.
B	Volte rechts (20 m).
B-F-A	Gebrauchstrab.
A-C	Schlangenlinie entlang der Mittellinie, 4 Bögen, jeweils 5 m von der Mittellinie entfernt, links der Mittellinie beginnen mit dem ersten Rechtsbogen.
C-H-E	Versammelter Trab.
E-B-E	Gebrauchstrab Zirkel (40 m).
Zwischen B und E	Leinen aus der Hand kauen lassen.
E-K-A	Gebrauchstrab.
A-F-X-M	Mittelschritt (Zickzack durch die Bahn).
M-C	Gebrauchstrab.
C	Zirkel (40 m) (½ -mal herum).
Nach X	Zur geschlossenen Seite angaloppieren.
Vor X	Gebrauchstrab.
X-A	Aus dem Zirkel wechseln.
A	Zirkel (40 m). Zwischen A und dem Zirkelpunkt angaloppieren.
A-K	Gebrauchstrab.
K-X-M	Mitteltrab.
M-C-H-E-X	Gebrauchstrab (E linksum).
X	Halten. Fahrer auf der Mittellinie, 10 Sekunden Unbeweglichkeit, eine Pferdelänge rückwärtsrichten, daraus im versammlten Trtab anfahren.
X-B-F-A-D	Versammelter Trab (B rechtsum).
D-X-G	Mitteltrab.
G	Halten. Grüßen. Im Gebrauchstrab die Bahn verlassen.

IV. Fahrprüfungen

1. Gebrauchsprüfungen für Fahrpferde

Vorbemerkung
Diese Prüfung dient dazu, das Gespann auf seine Eignung als Fahrpferd/-pony zum sofortigen Gebrauch zu prüfen.

Anforderungen
Es werden Gruppen von bis zu vier Gespannen gebildet, die zunächst in den Grundgangarten Schritt und Trab nach Weisung der Richter vorgestellt werden. Nach dieser gemeinsamen Vorstellung müssen die Gespanne die zur jeweiligen Klasse geforderten Aufgaben einzeln absolvieren.

Beurteilung
Beurteilt werden die Grundgangarten Schritt und Trab, Trabverstärkung und ggf. -versammlung sowie die Kriterien der Ausbildungsskala für die jeweilige Klasse. Darüber hinaus werden der Gesamteindruck und das Herausbringen des Gespannes beurteilt.

1.1 Richterkarte Gebrauchsprüfung

Richterkarte: Gebrauchsprüfung für Fahrpferde Kl. .....

Nr. der Prfg. ....

Veranstaltungsort .... Tag ....

Wertnoten: 10 = ausgezeichnet, 9 = sehr gut, 8 = gut, 7 = ziemlich gut, 6 = befriedigend, 5 = genügend, 4 = mangelhaft, 3 = ziemlich schlecht, 2 = schlecht, 1 = sehr schlecht, 0 = nicht ausgeführt.

Programm-Nr.														
Gebrauchstrab (Takt, Raumgriff)														
Schritt (Takt, Raumgriff, Fleiß)														
Trabverstärkung ab Klasse M: Mitteltrab Klasse S: starker Trab (Takt, Schwung, Raumgriff)														
Ausbildung (gem. Skala)														
Gesamteindruck des Gespannes														
Herausbringen des gesamten Gespannes														
Summe der Teilnoten														
geteilt durch 6 = Wertnote (in Klasse A: geteilt durch 5)														
Platzierung														

Unterschriften

Druck: Oktober 2017

1.2 Gebrauchsprüfungen der Klasse A, M und S Aufgaben GA, GM und GS

Klasse A

Aufgabe GA

Viereck 40 x 80 m oder 40 x 100 m – Dauer: etwa 2 Minuten

A-X	Einfahren im Gebrauchstrab auf der Mittellinie.
X	Im Mittelpunkt Durchfahrt durch die aufgestellten Mittelkegel.
X	Eine Acht im Gebrauchstrab anlegen – rechts beginnend.
X-E	Gebrauchstrab, halbe Volte links.
E-B-E	Mittelzirkel anlegen, dabei Leinen aus der Hand kauen lassen (nur für Ein- und Zweispänner).
E-A-D-X	Gebrauchstrab.
X	Halten. Vorderachse bei X, 10 Sekunden Unbeweglichkeit, eine Pferdelänge rückwärtsrichten. Halten. Grüßen. Im Gebrauchstrab anfahren und die Bahn verlassen.

Klasse M

Aufgabe GM

Viereck 40 x 80 m oder 40 x 100 m – Dauer: etwa 2 Minuten

A-X	Einfahren im Gebrauchstrab auf der Mittellinie.
C	Linke Hand.
C-E	Gebrauchstrab.
E-B	Halber Mittelzirkel, dabei Leinen aus der Hand kauen lassen (nur für Ein- und Zweispänner).
B-H	Gebrauchstrab.
H-C	Versammelter Trab.
C	Volte (20 m).
C-M	Versammelter Trab.
M-X-K	Mitteltrab.
K	Versammelter Trab.
A	Mittellinie.
X	Halten. Vorderachse bei X, 10 Sekunden Unbeweglichkeit. Eine Pferdelänge rückwärtsrichten. Halten. Grüßen. Im Gebrauchstrab anfahren und die Bahn verlassen.

Druck: Oktober 2017

Klasse S

Aufgabe GS

Viereck 40 x 80 m oder 40 x 100 m – Dauer: etwa 2 Minuten

A	Einfahren auf der Mittellinie im versammelten Trab.
L	Volte rechts (20 m).
L-I	Starker Trab.
I	Versammelter Trab und Volte links (20 m).
C	Rechte Hand.
C-M	Versammelter Trab.
M-B-F	Starker Trab.
F-A-K	Versammelter Trab.
K-E-X	Gebrauchstrab.
X	Halten. Vorderachse bei X, 10 Sekunden Unbeweglichkeit. Eine Pferdelänge rückwärtsrichten. Halten. Grüßen. Im Gebrauchstrab anfahren und die Bahn verlassen.

Druck: Oktober 2017

2. Dressurprüfungen für Fahrpferde

2.1 Leitfaden Dressurprüfungen der Klassen E und A

Leitfaden Dressurprüfungen für Fahrpferde der Klassen E und A

Pos.: ☐

Veranstaltungsort: Datum: Prfg.-Nr.: Richter: Gespann-Nr.: Fahrer:

Anforderungen	Bemerkungen
Reinheit der Gänge und Taktsicherheit – Schritt – Trab Gebrauchtstrab Tritte verlängern	
Anlehnung und Dehnungsbereitschaft **Stellung und Biegungsbereitschaft**	
Losgelassenheit **Gehorsam** **Durchlässigkeit**	
Fahrer: – Leinenführung – Hilfengebung – Hufschlagfiguren – Erfüllung der Aufgabenstellung	
Eindruck des Gespannes inkl. Korrektheit der Anspannung	
Gesamtbeurteilung:	**Note:** Unterschrift des Richters:

Bestell-Nr. 6412 – Stand: 1.1.2012 © FN*verlag* der Deutschen Reiterlichen Vereinigung GmbH, Warendorf.

2.2 Dressurprüfungen der Klasse E Aufgaben FE 1 bis FE 3

Aufgabe FE 1

Viereck 30 x 60 m oder 40 x 80 m – Dauer: etwa 5½ Minuten

A-X	Einfahren im Gebrauchstrab.
X	Halten. Grüßen.
X-C-M-F-A	Gebrauchstrab.
A-X-A	Gebrauchstrab auf dem Zirkel.
A-K	Ganze Bahn, Gebrauchstrab.
K-X-M	Durch die ganze Bahn wechseln, dabei Tritte verlängern.
M-C	Gebrauchstrab.
C-X-C	Gebrauchstrab auf dem Zirkel.
C-H	Ganze Bahn, Gebrauchstrab.
H-X-F	Durch die ganze Bahn wechseln, dabei Tritte verlängern.
F-A-K	Gebrauchstrab.
K-E	Mittelschritt.
E	Halten. 10 Sekunden Unbeweglichkeit.
E-H-C	Anfahren im Schritt.
C-M-F	Gebrauchstrab.
A-X	Im Gebrauchstrab auf die Mittellinie abwenden.
X	Halten. Grüßen.
	Im Gebrauchstrab die Bahn verlassen.

Abzüge gemäß LPO § 714.2

Druck: Oktober 2017

Aufgabe FE 2

Viereck 30 x 60 m oder 40 x 80 m – Dauer: etwa 5 Minuten

A-X	Einfahren im Gebrauchstrab.
X	Halten. Grüßen.
X-C-H-E	Gebrauchstrab.
E-B-E	Mittelzirkel.
E-K-A	Gebrauchstrab.
A-C	Schlangenlinie durch die Bahn, 3 Bögen, links beenden.
C-H-E-X	Mittelschritt.
X	Halten. 10 Sekunden Unbeweglichkeit.
X-B-F	Anfahren im Mittelschritt.
F-A-K	Gebrauchstrab.
K-E-H	Tritte verlängern.
H-C-M	Gebrauchstrab.
M-X-K	Tritte verlängern.
K-A-X	Gebrauchstrab.
X	Halten. Grüßen.
	Im Gebrauchstrab die Bahn verlassen.

Abzüge gemäß LPO § 714.2

Druck: Oktober 2017

Aufgabe FE 3

Nur Abteilungsfahren (bis zu 3 Gespanne)

Viereck 30 x 60 m oder 40 x 80 m – Dauer: etwa 5 Minuten

A-X	Auf der rechten Hand im Mittelschritt Abteilung bilden. (Von der kurzen Seite auf die Richter zu) Anfang rechts dreht, links marschiert auf, Marsch. (Wenn der erste Fahrer die Verbindungslinie E-B erreicht) Anfang – Halt. Grüßen.
X-C-M	Abteilung zu einem Rechts-brecht-Ab im Mittelschritt – Marsch.
Zwischen M und F	Abteilung – Trab – Gebrauchstrab.
A-X-A	Auf dem Zirkel gefahren.
A-K-H-C-M	Ganze Bahn.
M-X-K	Durch die ganze Bahn wechseln, dabei Tritte verlängern.
K-A-F-M-C	Ab K Gebrauchstrab.
C-X-C	Auf dem Zirkel gefahren.
C-H-K-A-F	Ganze Bahn.
F-X-H	Durch die ganze Bahn wechseln, dabei Tritte verlängern.
H-C-M	Ab H Gebrauchstrab.
M	Abteilung – Schritt – Mittelschritt.
Zwischen M und F	Abteilung – Halt. 10 Sekunden Unbeweglichkeit.
F-A-K	Abteilung – Schritt – Mittelschritt. Abteilung – Trab – Gebrauchstrab.
K-H-C-M-F-A	Gebrauchstrab.
A-X	(Von der kurzen Seite auf die Richter zu) Anfang rechts dreht, links marschiert auf, Marsch. (Wenn der erste Fahrer die Verbindungslinie E-B erreicht) Anfang – Halt. Grüßen.
	Im Gebrauchstrab die Bahn verlassen.

Abzüge gemäß LPO § 714.2

2.3 Dressurprüfungen der Klasse A Aufgaben FA 1* bis FA 5**

Aufgabe FA 1*

(Auch bei Hallen-PS/-PLS zulässig)
(Nur für Ein- und Zweispänner)

Viereck 40 x 80 m – Dauer: etwa 7 Minuten

A-X	Einfahren im Gebrauchstrab.
X	Halten. Grüßen.
X-C-M-F	Gebrauchstrab.
F-D-B	Kehrtwendung.
B-M-C	Mittelschritt.
C-X-C	Gebrauchstrab, Zirkel an der offenen Seite, Leinen aus der Hand kauen lassen.
C-H	Gebrauchstrab.
H-K	Tritte verlängern.
K-D-E	Gebrauchstrab Kehrtwendung.
E-H-C-M	Gebrauchstrab.
M-B	Mitterlschritt.
B	Halten. 10 Sekunden Unbeweglichkeit, daraus im Mittelschritt anfahren.
B-F	Mittelschritt.
F-A-K	Gebrauchstrab.
K-H	Tritte verlängern.
H-C	Gebrauchstrab.
C-A	Gebrauchstrab, Schlangenlinie durch die Bahn 3 Bögen, rechts beenden.
A-K-E-X	Gebrauchstrab.
X	Halten. Fahrer auf der Mittellinie, 10 Sekunden Unbeweglichkeit, daraus im Gebrauchstrab anfahren.
X-B-F-A-D-X	Gebrauchstrab.
X	Halten. Grüßen.
	Im Gebrauchstrab die Bahn verlassen.

Abzüge gemäß LPO § 714.2

Aufgabe FA 2*

(Auch bei Hallen-PS/-PLS zulässig)

(Nur für Ein- und Zweispänner)

Viereck 40 x 80 m – Dauer: etwa 5½ Minuten

A-X	Einfahren im Gebrauchstrab.
X	Halten. Grüßen. Im Gebrauchstrab anfahren.
C	Linke Hand.
H-E	Gebrauchstrab.
E-X-H	Kehrtwendung.
H-C-M-B	Gebrauchstrab.
B-E-B	Mittelzirkel, dabei zwischen E und B Leinen aus der Hand kauen lassen.
B-X-M	Kehrtwendung.
M-C-H	Gebrauchstrab.
H-X-F	Durch die ganze Bahn wechseln, dabei Tritte verlängern.
F	Gebrauchstrab.
A	Mittelschritt.
A-K-X	Mittelschritt.
X	Halten. Fahrer auf der Mittellinie, 10 Sekunden Unbeweglichkeit, eine Pferdelänge rückwärtsrichten, daraus im Mittelschritt anfahren.
X-M	Mittelschritt.
M-C-H-E	Gebrauchstrab.
E-X	Halbe Volte.
X-G	Gebrauchstrab.
G	Halten. Grüßen.
	Im Gebrauchstrab die Bahn verlassen.

Abzüge gemäß LPO § 714.2

 Druck: Oktober 2017

Aufgabe FA 3*

(Nur für Vierspänner)

Viereck 40 x 80 m – Dauer: etwa 5½ Minuten
Viereck 40 x 100 m – Dauer: etwa 7½ Minuten

A-X	Einfahren im Gebrauchstrab.
X	Halten. Grüßen.
X-C-M-B	Gebrauchstrab.
B-E	Halber Mittelzirkel.
E-M	Tritte verlängern.
M-C	Gebrauchstrab.
C	Zirkel (40 m).
C-H	Gebrauchstrab.
H-X-F	Tritte verlängern.
F-A	Gebrauchstrab.
A	Zirkel (40 m).
A-K	Gebrauchstrab.
K-X	Mittelschritt.
X	Halten. Fahrer auf der Mittellinie. 10 Sekunden Unbeweglichkeit, eine Pferdelänge rückwärtsrichten, daraus im Mittelschritt anfahren.
X-M-C	Mittelschritt.
C-H	Gebrauchstrab.
H-K	Einfache Schlangenlinie, 10 m Abstand vom Hufschlag.
K-A-X	Gebrauchstrab.
X	Halten. Grüßen.
	Im Gebrauchstrab die Bahn verlassen.

Abzüge gemäß LPO § 714.2

Druck: Oktober 2017

Aufgabe FA 4**

(Für Ein-, Zwei- und Vierspänner)

Viereck 40 x 80 m – Dauer: etwa 5¾ Minuten
Viereck 40 x 100 m – Dauer: etwa 7 Minuten

A-X	Einfahren im Gebrauchstrab.
X	Halten. Grüßen.
X-C-M	Gebrauchstrab.
M-X-B	Kehrtwendung.
B-M-C-H	Gebrauchstrab.
H-X-F	Mitteltrab.
F-A-K	Gebrauchstrab.
K-H	Einfache Schlangenlinie, 10 m Abstand vom Hufschlag, Leinen in einer Hand (nur Ein- und Zweispänner).
H-C	Gebrauchstrab. Leinenführung beliebig.
C-M-B-X	Mittelschritt.
X	Halten. Fahrer auf der Mittellinie. 10 Sekunden Unbeweglichkeit, eine Pferdelänge rückwärtsrichten, daraus im Mittelschritt anfahren.
X-E-K	Mittelschritt.
K-A-F	Gebrauchstrab.
F-X-H	Mitteltrab.
H-C-M-B	Gebrauchstrab.
B-E	Halber Zirkel, dabei Leinen aus der Hand kauen lassen (nur Ein- und Zweispänner).
E-X-K	Kehrtwendung.
K-A-D-X	Gebrauchstrab.
X	Halten. Grüßen.
	Im Gebrauchstrab die Bahn verlassen.

Abzüge gemäß LPO § 714.2

Druck: Oktober 2017

Aufgabe FA 5**

(Für Ein-, Zwei- und Vierspänner)

Viereck 40 x 80 m – Dauer: etwa 6½ Minuten
Viereck 40 x 100 m – Dauer: etwa 8 Minuten

A-X	Einfahren im Gebrauchstrab.
X	Halten. Grüßen.
X-C-H	Gebrauchstrab.
H-E-X-H	Kehrtwendung.
H-C-M	Gebrauchstrab.
M-X-K	Mitteltrab.
K-A	Gebrauchstrab.
A	Volte (30 m), Leinen in einer Hand.
A-F	Gebrauchstrab, Leinenführung beliebig.
F-M	Einfache Schlangenlinie, 10 m Abstand vom Hufschlag.
M-C-H	Gebrauchstrab.
H-X-F	Mitteltrab.
F-A-K	Gebrauchstrab.
K-X-H	Mittelschritt (Zickzack durch die Bahn).
H-C-M-E	Gebrauchstrab.
E-B	Halber Zirkel, Leinen aus der Hand kauen lassen (nur für Ein- und Zweispänner).
B-M-G	Gebrauchstrab.
G	Halten. Fahrer auf der Mittellinie. 10 Sekunden Unbeweglichkeit, eine Pferdelänge rückwärtsrichten, daraus im Mittelschritt anfahren.
G-H-E	Mittelschritt.
E-F-A-D	Gebrauchstrab.
D-X	Mitteltrab.
X-G	Gebrauchstrab.
G	Halten. Grüßen.
	Im Gebrauchstrab die Bahn verlassen.

Abzüge gemäß LPO § 714.2

Druck: Oktober 2017

2.4 Dressurprüfungen der Klasse M – Aufgaben FM 1* bis FM 7*

Aufgabe FM 1*

(Nur für Vierspänner)

Viereck 40 x 80 m – Dauer: etwa 5¾ Minuten
Viereck 40 x 100 m – Dauer: etwa 7 Minuten

1.	A-X X	Einfahren im Gebrauchstrab. Halten. Grüßen.
2.	X-C-M	Gebrauchstrab.
3.	M-X-K	Mitteltrab.
4.	K-A A A-F	Versammelter Trab. Volte (30 m), Leinen in einer Hand. Versammelter Trab, Leinenführung beliebig.
5.	F-X-H H-C-M	Mitteltrab. Versammelter Trab.
6.	M-E-K	Mittelschritt.
7.	K-A A-X	Gebrauchstrab. Schlangenlinie durch die Bahn, 2 Bögen.
8.	X	Halten. Fahrer auf der Mittellinie. 10 Sekunden Unbeweglichkeit.
9.	X	4 Tritte rückwärtsrichen, daraus im Mittelschritt anfahren.
10.	X-B-M	Mittelschritt.
11.	M-C-H-E	Versammelter Trab.
12.	E-X	Halbe Volte links.
13.	X-B	Halbe Volte rechts.
14.	B-F F-A-D	Mitteltrab. Versammelter Trab.
15.	D-X-G G	Mitteltrab. Halten. Grüßen.
		Im Gebrauchstrab die Bahn verlassen.

 Druck: Oktober 2017

Gesamteindruck:

16. Gang
    Reinheit der Gänge, Ungebundenheit, Takt, Beibehaltung der Gangart durch alle Pferde
17. Schwung
    Gehlust, Elastizität der Bewegung, Rückentätigkeit und Engagement der Hinterhand
18. Gehorsam und Losgelassenheit
    Willige Annahme der Hilfen, Stellung und Biegung, Durchlässigkeit, Maultätigkeit, Anlehnung und relative Aufrichtung
19. Fahrer
    Handhabung der Leinen und der Peitsche, Haltung auf dem Bock, Genauigkeit der Hufschlagfiguren
20. Präsentation
    Aufmachung und Erscheinungsbild von Fahrer und Beifahrern, Sauberkeit, Eignung, Zusammenpassen und Kondition der Pferde, des Geschirrs und des Wagens

Abzüge gemäß LPO § 714.2

Zu erreichende Punktsumme: 200 = 100% (x Multiplikator 0,8 [bei komb. Prüfung] = 160 max. Punktsumme)

Aufgabe FM 2*

(Für Ein-, Zwei- und Vierspänner)

Viereck 40 x 80 m – Dauer: etwa 5¾ Minuten
Viereck 40 x 100 m – Dauer: etwa 7 Minuten

1.	A-X X	Einfahren im Gebrauchstrab. Halten. Grüßen.
2.	X-C-H H-X-F	Gebrauchstrab. Mitteltrab.
3.	F-A-D D-X	Gebrauchstrab. Versammelter Trab.
4.	X-E-X	Volte links (20 m).
5.	X-C-M	Gebrauchstrab.
6.	M-X-K	Mitteltrab.
7.	K-A-F-B	Gebrauchstrab.
8.	B-E	Halber Zirkel, Leinen aus der Hand kauen lassen (nur Ein- und Zweispänner).
9.	E-F-A-K	Mittelschritt.
10.	K-H	Versammelter Trab. Einfache Schlangenlinie, 15 m Abstand vom Hufschlag.
11.	H-G-E	Kehrtwendung.
12.	E-K K-A-D	Mitteltrab. Versammelter Trab.
13.	D-X	Mittelschritt.
14.	X	Halten. 8 Sekunden Unbeweglichkeit. 4 Tritte rückwärtsrichten, daraus im Gebrauchstrab anfahren.
15.	X-G G	Gebrauchstrab. Halten. Grüßen.
		Im Gebrauchstrab die Bahn verlassen.

Druck: Oktober 2017

Gesamteindruck:

16. Gang
    Reinheit der Gänge, Ungebundenheit, Takt, Beibehaltung der Gangart durch alle Pferde
17. Schwung
    Gehlust, Elastizität der Bewegung, Rückentätigkeit und Engagement der Hinterhand
18. Gehorsam und Losgelassenheit
    Willige Annahme der Hilfen, Stellung und Biegung, Durchlässigkeit, Maultätigkeit, Anlehnung und relative Aufrichtung
19. Fahrer
    Handhabung der Leinen und der Peitsche, Haltung auf dem Bock, Genauigkeit der Hufschlagfiguren
20. Präsentation
    Aufmachung und Erscheinungsbild von Fahrer und Beifahrern, Sauberkeit, Eignung, Zusammenpassen und Kondition der Pferde, des Geschirrs und des Wagens

Abzüge gemäß LPO § 714.2

Zu erreichende Punktsumme: 200 = 100% (x Multiplikator 0,8 [bei komb. Prüfung] = 160 max. Punktsumme)

Druck: Oktober 2017

Aufgabe FM 3*

(Für Ein-, Zwei- und Vierspänner)

Viereck 40 x 80 m – Dauer: etwa 6¼ Minuten
Viereck 40 x 100 m – Dauer: etwa 8 Minuten

1.	A-X X	Einfahren im versammelten Trab. Halten. Grüßen.
2.	X-C-M-R	Gebrauchstrab.
3.	R	Versammelter Trab, Volte (20 m), Leinen in einer Hand.
4.	R-B B-L-K	Versammelter Trab, Leinenführung beliebig. Mitteltrab.
5.	K-A A-C A-L L	Gebrauchstrab. Schlangenlinie durch die Bahn, 3 Bögen. 1. Bogen Gebrauchstrab 25 m (30 m). Halten. 10 Sekunden Unbeweglichkeit.
6.	L-E-I	2. Bogen 30 m (40 m) Mittelschritt.
7.	I-C C-H	3. Bogen 25 m (30 m) versammelter Trab. Gebrauchstrab.
8.	H-P-F F-A	Mitteltrab. Gebrauchstrab.
9.	A A-K	Volte (30 m), dabei Leinen aus der Hand kauen lassen (nur Ein- und Zweispänner). Gebrauchstrab.
10.	K-E	Einfache Schlangenlinie, 5 m Abstand vom Hufschlag, dabei Leinen in einer Hand (nur Ein- und Zweispänner).
11.	E-S-I I	Versammelter Trab, Leinenführung beliebig. Halten. Fahrer auf der Mittellinie, 10 Sekunden Unbeweglichkeit.
12.	I	4 Tritte rückwärtsrichten, daraus im Mittelschritt anfahren.
13.	I-R-M-C	Mittelschritt.
14.	C-H H-V V-L	Versammelter Trab. Mitteltrab. Versammelter Trab, halbe Volte links, Leinen in einer Hand.

Druck: Oktober 2017

15.	L-G	Mitteltrab, Leinenführung beliebig.
	G	Halten. Grüßen.
		Im Gebrauchstrab die Bahn verlassen.

Gesamteindruck:

16. Gang
Reinheit der Gänge, Ungebundenheit, Takt, Beibehaltung der Gangart durch alle Pferde
17. Schwung
Gehlust, Elastizität der Bewegung, Rückentätigkeit und Engagement der Hinterhand
18. Gehorsam und Losgelassenheit
Willige Annahme der Hilfen, Stellung und Biegung, Durchlässigkeit, Maultätigkeit, Anlehnung und relative Aufrichtung
19. Fahrer
Handhabung der Leinen und der Peitsche, Haltung auf dem Bock, Genauigkeit der Hufschlagfiguren
20. Präsentation
Aufmachung und Erscheinungsbild von Fahrer und Beifahrern, Sauberkeit, Eignung, Zusammenpassen und Kondition der Pferde, des Geschirrs und des Wagens

Abzüge gemäß LPO § 714.2

Zu erreichende Punktsumme: 200 = 100% (x Multiplikator 0,8 [bei komb. Prüfung] = 160 max. Punktsumme)

Aufgabe FM 4**

(Für Ein-, Zwei- und Vierspänner)

Viereck 40 x 80 m – Dauer: etwa 6½ Minuten
Viereck 40 x 100 m – Dauer: etwa 8 Minuten

1.	A-L L	Einfahren im Gebrauchstrab. Halten. Grüßen.
2.	L-X-M	Gebrauchstrab.
3.	M- C C C-H	Versammelter Trab. Volte links (20 m), Leinen in einer Hand. Versammelter Trab, Leinenführung beliebig.
4.	H-P-F	Mitteltrab.
5.	F-A-K-V	Mittelschritt.
6.	V-E-X	Versammelter Trab.
7.	X	Volte rechts (20 m), Leinen in einer Hand.
8.	X	Gefolgt von Volte links (20 m), Leinenführung beliebig.
9.	X-C C-M	Schlangenlinie durch die Bahn, 2 Bögen, Leinenführung beliebig, dabei Gebrauchstrab. Gebrauchstrab.
10.	M-V	Starker Trab.
11.	V-K-A	Versammelter Trab.
12.	A-F-L	Mittelschritt.
13.	L	Halten. Fahrer auf der Mittellinie. 10 Sekunden Unbeweglichkeit.
14.	L	4 Tritte rückwärtsrichten, daraus im Gebrauchstrab anfahren.
15.	L-E-S	Gebrauchstrab.
16.	S-G-R	Halber Zirkel rechts, Leinen aus der Hand kauen lassen (nur Ein- und Zweispänner).
17.	R-B-K	Mitteltrab.
18.	K-A-D	Versammelter Trab.
19.	D-X-G	Starker Trab.
20.	G	Halten. Grüßen.
		Im Gebrauchstrab die Bahn verlassen.

Druck: Oktober 2017

Gesamteindruck:

21. Gang
    Reinheit der Gänge, Ungebundenheit, Takt, Beibehaltung der Gangart durch alle Pferde
22. Schwung
    Gehlust, Elastizität der Bewegung, Rückentätigkeit und Engagement der Hinterhand
23. Gehorsam und Losgelassenheit
    Willige Annahme der Hilfen, Stellung und Biegung, Durchlässigkeit, Maultätigkeit, Anlehnung und relative Aufrichtung
24. Fahrer
    Handhabung der Leinen und der Peitsche, Haltung auf dem Bock, Genauigkeit der Hufschlagfiguren
25. Präsentation
    Aufmachung und Erscheinungsbild von Fahrer und Beifahrern, Sauberkeit, Eignung, Zusammenpassen und Kondition der Pferde, des Geschirrs und des Wagens

Abzüge gemäß LPO § 714.2

Zu erreichende Punktsumme: 250 = 100% (x Multiplikator 0,64 [bei komb. Prüfung] = 160 max. Punktsumme)

Druck: Oktober 2017

Aufgabe FM 5**

(Für Ein-, Zwei- und Vierspänner)

Viereck 40 x 100 m – Dauer: etwa 6¾ Minuten

1.	A-X X	Einfahren im versammelten Trab. Halten. Grüßen.
2.	X-C-M-B	Gebrauchstrab.
3.	B-X	Halbe Volte rechts, Leinen in einer Hand.
4.	X-M	Mitteltrab, Leinen in einer Hand.
5.	M-C-H H-X-F	Versammelter Trab, Leinenführung beliebig. Starker Trab.
6.	F-A-K-X	Gebrauchstrab.
7.	X-E	Halbe Volte links, Leinen in einer Hand.
8.	E-K	Mitteltrab, Leinen in einer Hand.
9.	K-A-D-L	Versammelter Trab, Leinenführung beliebig.
10.	L	Volte rechts (20 m), gefolgt von Volte links (20 m).
11.	L-I	Mittelschritt.
12.	I	Halten. 10 Sekunden Unbeweglichkeit, 4 Tritte rückwärtsrichten, daraus im versammelten Trab anfahren.
13.	I-G-C-M	Versammelter Trab.
14.	M-X-K K-A-F	Starker Trab. Versammelter Trab.
15.	F-B	Versammelter Trab, einfache Schlangenlinie, 10 m Abstand vom Hufschlag.
16.	B-I-E	Gebrauchstrab, halber Zirkel links, dabei Leinen aus der Hand kauen lassen (nur Ein- und Zweispänner).
17.	E-P	Mittelschritt.
18.	P-F-A-D-L	Versammelter Trab.
19.	L	Halten. 10 Sekunden Unbeweglichkeit.
20.	L-X-G G	Gebrauchstrab. Halten. Grüßen.
		Im Gebrauchstrab die Bahn verlassen.

 Druck: Oktober 2017

Gesamteindruck:

21. Gang
    Reinheit der Gänge, Ungebundenheit, Takt, Beibehaltung der Gangart durch alle Pferde
22. Schwung
    Gehlust, Elastizität der Bewegung, Rückentätigkeit und Engagement der Hinterhand
23. Gehorsam und Losgelassenheit
    Willige Annahme der Hilfen, Stellung und Biegung, Durchlässigkeit, Maultätigkeit, Anlehnung und relative Aufrichtung
24. Fahrer
    Handhabung der Leinen und der Peitsche, Haltung auf dem Bock, Genauigkeit der Hufschlagfiguren
25. Präsentation
    Aufmachung und Erscheinungsbild von Fahrer und Beifahrern, Sauberkeit, Eignung, Zusammenpassen und Kondition der Pferde, des Geschirrs und des Wagens

Abzüge gemäß LPO § 714.2

Zu erreichende Punktsumme: 250 = 100% (x Multiplikator 0,64 [bei komb. Prüfung] = 160 max. Punktsumme)

Aufgabe FM 6**

(Nur für Einspänner)

Viereck 40 x 100 m – Dauer: etwa 7 Minuten

1.	A-L L	Einfahren im versammelten Trab. Halten. Grüßen.
2.	L-I	Versammelter Trab.
3.	I-R	Halbe Volte rechts.
4.	R-K K-A	Starker Trab. Gebrauchstrab.
5.	A-C	Schlangenlinie entlang der Mittellinie, 3 Bögen, 1. Bogen A-L 10 m, 2. Bogen L-I 15 m, 3. Bogen I-C 10 m (Abstand von der Mittellinie), rechts der Mittellinie beginnen mit einem Linksbogen, links beenden.
6.	C-H	Versammelter Trab.
7.	H-X-K	Mittelschritt (Zickzack durch die Bahn).
8.	K-A-F	Versammelter Trab.
9.	F F-B	Volte (15 m), Leinen in einer Hand. Versammelter Trab, Leinenführung beliebig.
10.	B-E-B-E	Mittelzirkel, zwischen I und E im Arbeitstempo angaloppieren (1-mal herum).
11.	E-D	Gebrauchstrab, Leinen in einer Hand.
12.	D-K K-E	Halbe Volte rechts, Leinen in einer Hand. Gebrauchstrab, Leinenführung beliebig.
13.	E-B-E-B B-F-A	Mittelzirkel zwischen I und B im Arbeitstempo angaloppieren (1-mal herum). Gebrauchstrab.
14.	A-K-V-L	Versammelter Trab.
15.	L	Halten. 10 Sekunden Unbeweglichkeit.
16.	L	4 Tritte rückwärtsrichten, daraus im Mittelschritt anfahren.
17.	L-P-B	Mittelschritt.
18.	B-I-E	Gebrauchstrab, halber Zirkel, Leinen aus der Hand kauen lassen.
19.	E-F F-A-D	Starker Trab. Versammelter Trab.

Druck: Oktober 2017

20.	D-X-G	Starker Trab.
	G	Halten. Grüßen.
		Im Gebrauchstrab die Bahn verlassen.

Gesamteindruck:

21. Gang
Reinheit der Gänge, Ungebundenheit, Takt, Beibehaltung der Gangart durch alle Pferde
22. Schwung
Gehlust, Elastizität der Bewegung, Rückentätigkeit und Engagement der Hinterhand
23. Gehorsam und Losgelassenheit
Willige Annahme der Hilfen, Stellung und Biegung, Durchlässigkeit, Maultätigkeit, Anlehnung und relative Aufrichtung
24. Fahrer
Handhabung der Leinen und der Peitsche, Haltung auf dem Bock, Genauigkeit der Hufschlagfiguren
25. Präsentation
Aufmachung und Erscheinungsbild von Fahrer und Beifahrern, Sauberkeit, Eignung, Zusammenpassen und Kondition der Pferde, des Geschirrs und des Wagens

Abzüge gemäß LPO § 714.2

Zu erreichende Punktsumme: 250 = 100% (x Multiplikator 0,64 [bei komb. Prüfung] = 160 max. Punktsumme)

Aufgabe FM 7*

(Für Ein-, Zwei- und Vierspänner)

Viereck 20 x 60 m (nur in der Halle) – Dauer: etwa 7 Minuten

1.	A-X X	Einfahren im Gebrauchstrab. Halten. Grüßen.
2.	X-C-H	Versammelter Trab.
3.	H-K	Gebrauchstrab. Einfache Schlangenlinie (Ein- und Zweispänner Leinenführung in einer Hand), 5 m Abstand vom Hufschlag.
4.	K-A-D	Versammelter Trab. Leinenführung beliebig.
5.	D-X	Mittelschritt.
6.	X	Halten. Fahrer auf der Mittellinie. 8 Sekunden Unbeweglichkeit. 4 Tritte rückwärtsrichten, daraus im Mittelschritt anfahren.
7.	X-M	Mittelschritt.
8.	M-C C	Gebrauchstrab. Gebrauchstrab, Zirkel auf der linken Hand.
9.		An der offenen Zirkelseite Leinen aus der Hand kauen lassen (nur Ein- und Zweispänner).
10.	C-H H-X-F	Gebrauchstrab. Mitteltrab.
11.	F-A-K K-B	Gebrauchstrab. Versammelter Trab.
12.	B	Volte links (20 m), dabei Leinen in einer Hand.
13.	B-M-B	Gebrauchstrab. Leinenführung beliebig. Aus der Ecke kehrt.
14.	B B-E-B B- F-A-D	Versammelter Trab. Mittelzirkel rechts (20 m), dabei Leinen in einer Hand. Versammelter Trab. Leinenführung beliebig.
15.	D-X-G G	Mitteltrab. Halten. Grüßen.
		Im Gebrauchstrab die Bahn verlassen.

Gesamteindruck:

16. Gang
    Reinheit der Gänge, Ungebundenheit, Takt, Beibehaltung der Gangart durch alle Pferde
17. Schwung
    Gehlust, Elastizität der Bewegung, Rückentätigkeit und Engagement der Hinterhand
18. Gehorsam und Losgelassenheit
    Willige Annahme der Hilfen, Stellung und Biegung, Durchlässigkeit, Maultätigkeit, Anlehnung und relative Aufrichtung
19. Fahrer
    Handhabung der Leinen und der Peitsche, Haltung auf dem Bock, Genauigkeit der Hufschlagfiguren
20. Präsentation
    Aufmachung und Erscheinungsbild von Fahrer und Beifahrern, Sauberkeit, Eignung, Zusammenpassen und Kondition der Pferde, des Geschirrs und des Wagens

Abzüge gemäß LPO § 714.2

Zu erreichende Punktsumme: 200 = 100% (x Multiplikator 0,8 [bei komb. Prüfung] = 160 max. Punktsumme)

Druck: Oktober 2017

2.5 Dressurprüfungen der Klasse S Aufgaben FS 1* bis FS 4**

Aufgabe FS 1*

(Für Ein-, Zwei- und Vierspänner)

Viereck 40 x 80 m – Dauer: etwa 5 Minuten
Viereck 40 x 100 m – Dauer: etwa 6 Minuten

1.	A-L L	Einfahren im versammelten Trab. Halten. Grüßen.
2.	L-X X-H H-C	Gebrauchstrab. Mitteltrab. Versammelter Trab.
3.	C C-M	Volte rechts (20 m), Leinen in einer Hand. Versammelter Trab, Leinenführung beliebig.
4.	M-V-K K-A	Starker Trab. Gebrauchstrab.
5.	A-X	Schlangenlinie durch die Bahn, 2 Bögen.
6.	X	Versammelter Trab, Volte rechts (20 m).
7.	X X-B-R-M	Volte links (20 m), Leinen in einer Hand. Versammelter Trab, Leinenführung beliebig.
8.	M-C-H-I	Mittelschritt.
9.	I I	Halten. 10 Sekunden Unbeweglichkeit. 5 Tritte rückwärtsrichten, daraus im Mittelschritt anfahren.
10.	I-B	Mittelschritt.
11.	B-P P-L	Versammelter Trab. Halbe Volte rechts (20 m).
12.	L-M M-C-H	Mitteltrab. Versammelter Trab.
13.	H-E	Einfache Schlangenlinie, 5 m (10 m) Abstand vom Hufschlag, Leinen in einer Hand (nur Ein- und Zweispänner).
14.	E-F F-A-D	Mitteltrab, Leinenführung beliebig. Gebrauchstrab.
15.	D-X-G G	Starker Trab. Halten. Grüßen.
		Im Gebrauchstrab die Bahn verlassen.

 Druck: Oktober 2017

Gesamteindruck:

16. Gang
    Reinheit der Gänge, Ungebundenheit, Takt, Beibehaltung der Gangart durch alle Pferde
17. Schwung
    Gehlust, Elastizität der Bewegungen, Rückentätigkeit und Engagement der Hinterhand
18. Gehorsam und Losgelassenheit
    Willige Annahme der Hilfen, Stellung und Biegung, Durchlässigkeit, Maultätigkeit, Anlehnung und relative Aufrichtung
19. Fahrer
    Handhabung der Leinen und der Peitsche, Haltung auf dem Bock, Genauigkeit der Hufschlagfiguren
20. Präsentation
    Aufmachung und Erscheinungsbild von Fahrer und Beifahrern, Sauberkeit, Eignung, Zusammenpassen und Kondition der Pferde, des Geschirrs und des Wagens

Abzüge gemäß LPO § 714.2

Zu erreichende Punktsumme: 200 = 100% (x Multiplikator 0,8 [bei komb. Prüfung] = 160 max. Punktsumme)

Druck: Oktober 2017

Aufgabe FS 2*

(Für Ein-, Zwei- und Vierspänner)

Viereck 40 x 100 m – Dauer: etwa 6 Minuten

1.	A	Einfahren im Gebrauchstrab.
	X	Halten. Grüßen.
	X-C-M	Gebrauchstrab.
2.	M-X-K	Starker Trab.
	K	Versammelter Trab.
3.		Übergang vom Gebrauchstrab zum starken Trab und vom starken Trab zum versammelten Trab.
4.	K	Volte (20 m), Leinen in einer Hand, danach Leinenführung beliebig.
5.	A-C	Gebrauchstrab. Schlangenlinie entlang der Mittellinie, 3 Bögen, jeweils 5 m von dieser entfernt (1. Bogen A-L (30 m), 2. Bogen L-I (40 m), 3. Bogen I-C (30 m)). Rechts der Mittellinie beginnen mit erstem Linksbogen.
	C	Linke Hand.
6.	C-H-S-I	Versammelter Trab.
7.	I	Volte links (20 m), Volte rechts (20 m).
	I-R-B	Versammelter Trab.
8.	B-L	Mittelschritt.
9.	L	Halten. 10 Sekunden Unbeweglichkeit.
10.	L	5 Tritte rückwärtsrichten, daraus im Mittelschritt anfahren.
11.	L-K	Mittelschritt.
12.	K-A-F	Gebrauchstrab.
13.	F-S	Starker Trab.
14.	S-G-R	Gebrauchstrab, halber Zirkel.
15.	R-B-P	Versammelter Trab.
	P-L	Halbe Volte.
	L-X-G	Starker Trab.
	G	Halten. Grüßen.
		Im Gebrauchstrab die Bahn verlassen.

Druck: Oktober 2017

Gesamteindruck:

16. Gang
    Reinheit der Gänge, Ungebundenheit, Takt, Beibehaltung der Gangart durch alle Pferde
17. Schwung
    Gehlust, Elastizität der Bewegungen, Rückentätigkeit und Engagement der Hinterhand
18. Gehorsam und Losgelassenheit
    Willige Annahme der Hilfen, Stellung und Biegung, Durchlässigkeit, Maultätigkeit, Anlehnung und relative Aufrichtung
19. Fahrer
    Handhabung der Leinen und der Peitsche, Haltung auf dem Bock, Genauigkeit der Hufschlagfiguren
20. Präsentation
    Aufmachung und Erscheinungsbild von Fahrer und Beifahrern, Sauberkeit, Eignung, Zusammenpassen und Kondition der Pferde, des Geschirrs und des Wagens

Abzüge gemäß LPO § 714.2

Zu erreichende Punktsumme: 200 = 100% (x Multiplikator 0,8 [bei komb. Prüfung] = 160 max. Punktsumme)

Druck: Oktober 2017

Aufgabe FS 3**

(Für Ein-, Zwei- und Vierspänner)

Viereck 40 x 100 m – Dauer: etwa 6¾ Minuten

1.	A-L L	Einfahren im Gebrauchstrab. Halten. Grüßen.
2.	L-X-I I-R-X X-L	Versammelter Trab. Kehrtwendung rechts. Versammelter Trab.
3.	L-P-X	Kehrtwendung links.
4.	X-G	Mitteltrab.
5.	G-C-H	Versammelter Trab.
6.	H-S-F	Starker Trab.
7.	F-A-K	Gebrauchstrab.
8.	K-E	Versammelter Trab, einfache Schlangenlinie, 15 m Abstand vom Hufschlag.
9.	E-I-B	Halber Zirkel Mitteltrab, Leinen in einer Hand.
10.	B-L-K-A	Mittelschritt, Leinenführung beliebig.
11.	A-F F	Versammelter Trab. Volte (15 m), Leinen in einer Hand.
12.	F-L-E	Starker Trab, Leinenführung beliebig.
13.	E	Versammelter Trab, Volte (15 m), Leinen in einer Hand.
14.	E-S-I	Mittelschritt, Leinenführung beliebig.
15.	I	Halten. 10 Sekunden Unbeweglichkeit. Fahrer auf der Mittellinie.
16.	I	5 Tritte rückwärtsrichten, daraus im Gebrauchstrab anfahren.
17.	I-R-M-C-H	Gebrauchstrab.
18.	H-X-K	Mitteltrab.
19.	K-A-D	Versammelter Trab.
20.	D-X-G G	Starker Trab. Halten. Grüßen.
		Im Gebrauchstrab die Bahn verlassen.

 Druck: Oktober 2017

Gesamteindruck:

21. Gang
    Reinheit der Gänge, Ungebundenheit, Takt, Beibehaltung der Gangart durch alle Pferde
22. Schwung
    Gehlust, Elastizität der Bewegungen, Rückentätigkeit und Engagement der Hinterhand
23. Gehorsam und Losgelassenheit
    Willige Annahme der Hilfen, Stellung und Biegung, Durchlässigkeit, Maultätigkeit, Anlehnung und relative Aufrichtung
24. Fahrer
    Handhabung der Leinen und der Peitsche, Haltung auf dem Bock, Genauigkeit der Hufschlagfiguren
25. Präsentation
    Aufmachung und Erscheinungsbild von Fahrer und Beifahrern, Sauberkeit, Eignung, Zusammenpassen und Kondition der Pferde, des Geschirrs und des Wagens

Abzüge gemäß LPO § 714.2

Zu erreichende Punktsumme: 250 = 100% (x Multiplikator 0,64 [bei komb. Prüfung] = 160 max. Punktsumme)

Druck: Oktober 2017

Aufgabe FS 4**

(Für Ein-, Zwei- und Vierspänner)

Viereck 40 x 100 m – Dauer: etwa 7¼ Minuten

1.	A-X X	Einfahren im versammelten Trab. Halten. Grüßen.
2.	X-B B-F	Versammelter Trab. Halbe Volte rechts. Mitteltrab.
3.	F-A-K K-H	Gebrauchstrab. Doppelte Schlangenlinie, 1. Bogen 10 m, 2. Bogen 15 m Abstand vom Hufschlag.
4.	H-C-M M-R-V	Versammelter Trab. Starker Trab.
5.	V V-L	Versammelter Trab. Halbe Volte links, Leinen in einer Hand (nur Ein- und Zweispänner).
6.	L-P	Halbe Volte rechts, Leinen durchgängig in einer Hand (nur Ein- und Zweispänner).
7.	P-F-A-D-L	Versammelter Trab, Leinenführung beliebig.
8.	L-R-M	Mittelschritt.
9.	M-C C C-H	Versammelter Trab. Volte links (15 m), Leinen in einer Hand. Versammelter Trab, Leinenführung beliebig.
10.	H-B	Starker Trab.
11.	B B-K K-A	Versammelter Trab, Volte (15 m), Leinen in einer Hand. Starker Trab, Leinen in einer Hand. Gebrauchstrab, Leinenführung beliebig.
12.	A-F-L	Mittelschritt.
13.	L	Halten. 10 Sekunden Unbeweglichkeit.
14.	L	5 Tritte rückwärtsrichten, daraus im versammelten Trab anfahren.
15.	L-E E-H	Versammelter Trab. Mitteltrab.
16.	H-C-M	Versammelter Trab.
17.	M-E	Starker Trab.
18.	E	Versammelter Trab, Volte (15 m), Leinen in einer Hand.

 Druck: Oktober 2017

19.	E-F	Starker Trab, Leinen in einer Hand.
	F-A-D	Versammelter Trab, Leinenführung beliebig.
20.	D-X-G	Starker Trab.
	G	Halten. Grüßen.
		Im Gebrauchstrab die Bahn verlassen

Gesamteindruck:

21. Gang
    Reinheit der Gänge, Ungebundenheit, Takt, Beibehaltung der Gangart durch alle Pferde
22. Schwung
    Gehlust, Elastizität der Bewegungen, Rückentätigkeit und Engagement der Hinterhand
23. Gehorsam und Losgelassenheit
    Willige Annahme der Hilfen, Stellung und Biegung, Durchlässigkeit, Maultätigkeit, Anlehnung und relative Aufrichtung
24. Fahrer
    Handhabung der Leinen und der Peitsche, Haltung auf dem Bock, Genauigkeit der Hufschlagfiguren
25. Präsentation
    Aufmachung und Erscheinungsbild von Fahrer und Beifahrern, Sauberkeit, Eignung, Zusammenpassen und Kondition der Pferde, des Geschirrs und des Wagens

Abzüge gemäß LPO § 714.2

Zu erreichende Punktsumme: 250 = 100% (x Multiplikator 0,64 [bei komb. Prüfung] = 160 max. Punktsumme)

Druck: Oktober 2017

2.6 Internationale Aufgaben

Die aktuellen FEI-Fahraufgaben für junge Pferde (YH 1-YH 4) sind im Internet unter folgenden Link zu finden: https://inside.fei.org/fei/your-role/organisers/driving/dressage-tests

FEI-Fahraufgabe Children – Test Ch P1

(bisher Test 1)

Zugelassen für Pony-Einspänner

National als Kl. M* zugelassen

(Nur mit besonderer Genehmigung der FN)

Viereck 40 x 80 m und 40 x 100 m – Dauer: etwa 8 Minuten

1.	A-X	Einfahren im Gebrauchstrab.
	X	Halten. Grüßen.
2.	X-C-M-R	Gebrauchstrab.
	R-P	Einfache Schlangenlinie, 10 m Abstand vom Hufschlag.
	P-A-D-X	Gebrauchstrab.
3.	X	Volte links (20 m).
	X-C-M	Gebrauchstrab.
4.	M-E	Schritt.
5.	E-K-A-D-X	Gebrauchstrab.
6.	X	Volte rechts (20 m).
	X-C-H-S	Gebrauchstrab.
7.	S-I	Halbe Volte links.
	I-R	Halbe Volte rechts.
8.	R-X-V	Mitteltrab.
	V-K-A	Gebrauchstrab.
9.	A-X	Schlangenlinie durch die Bahn, 2 Bögen.
10.	X	Halten, 8 Sekunden Unbeweglichkeit, Fahrer auf der Mittellinie.
11.	X	Rückwärtsrichten (3 bis 4 Tritte).
12.	X-B-R	Gebrauchstrab.
	R-S	Mitteltrab, halber Zirkel links (40 m).

13.	S-E	Gebrauchstrab.
	E-F	Schritt.
14.	F-A-K	Gebrauchstrab.
	K-X-M	Mitteltrab.
15.	M-C-H-E	Gebrauchstrab.
	E-B	Halber Zirkel links, dabei Leinen aus der Hand kauen lassen.
16.	B-X	Gebrauchstrab, halbe Volte links (20 m).
	X-F-A-D	Gebrauchstrab.
17.	D-G	Mitteltrab.
18.	G	Halten. Grüßen.
		Im Gebrauchstrab die Bahn verlassen.

Gesamteindruck:

19. Gang
Reinheit der Gänge, Ungebundenheit, Takt, Beibehaltung der Gangart durch alle Pferde
20. Schwung
Gehlust, Elastizität der Bewegungen, Rückentätigkeit und Engagement der Hinterhand
21. Gehorsam und Losgelassenheit
Willige Annahme der Hilfen, Stellung und Biegung, Durchlässigkeit, Maultätigkeit, Anlehnung und relative Aufrichtung
22. Fahrer
Handhabung der Leinen und der Peitsche, Haltung auf dem Bock, Genauigkeit der Hufschlagfiguren
23. Präsentation
Aufmachung und Erscheinungsbild von Fahrer und Beifahrern, Sauberkeit, Eignung, Zusammenpassen und Kondition der Pferde, des Geschirrs und des Wagens

Abzüge gemäß LPO § 714.2

Zu erreichende Punktsumme: 230 = 100% (x Multiplikator 0,696 bei komb. Prüfungen] = 160 max. Punktsumme)

FEI-Fahraufgabe Junioren/Junge Fahrer – Test J und YD
(bisher Test 4 A)

Zugelassen für Pferde- und Pony-Einspänner und für Pony-Zweispänner

National als Kl. S* zugelassen

Viereck 40 x 80 m oder 40 x 100 m – Dauer: etwa 9 Minuten

1.	A	Einfahren im Gebrauchstrab.
	X	Halten. Grüßen.
2.	X-C-M-B	Gebrauchstrab.
3.	B-X	Halbe Volte rechts (20 m).
	X-M	Gebrauchstrab.
4.	M-C-H-E	Gebrauchstrab.
5.	E-X	Halbe Volte links (20 m).
	X-H-C-M-R	Gebrauchstrab.
6.	R-X-V	Starker Trab.
	V-K-A-D	Gebrauchstrab.
7.	D	Versammelter Trab.
	D-K-D	Volte links (20 m) gefolgt von
8.	D-F-D	Volte rechts (20 m).
9.	D-X	Schritt.
10.	X	Halten, 10 Sekunden Unbeweglichkeit.
11.	X	Rückwärtsrichten (3 m).
12.	X-G-C-M-R	Gebrauchstrab.
13.	R-B-X-E-V	Schritt.
14.	V-K-A-F-P	Gebrauchstrab.
15.	P-X-S	Starker Trab.
16.	S-H-C	Gebrauchstrab.
	C-A	Schlangenlinien durch die Bahn, 3 Bögen.
	A-D	Gebrauchstrab.
17.	D-X-I	Starker Trab.
18.	I-G	Gebrauchstrab.
	G	Übergang zum Halten, grüßen.
		Im Gebrauchstrab die Bahn verlassen.

 Druck: Oktober 2017

Gesamteindruck:

19. Gang
    Reinheit der Gänge, Ungebundenheit, Takt, Beibehaltung der Gangart durch alle Pferde
20. Schwung
    Gehlust, Elastizität der Bewegungen, Rückentätigkeit und Engagement der Hinterhand
21. Gehorsam und Losgelassenheit
    Willige Annahme der Hilfen, Stellung und Biegung, Durchlässigkeit, Maultätigkeit, Anlehnung und relative Aufrichtung
22. Fahrer
    Handhabung der Leinen und der Peitsche, Haltung auf dem Bock, Genauigkeit der Hufschlagfiguren
23. Präsentation
    Aufmachung und Erscheinungsbild von Fahrer und Beifahrern, Sauberkeit, Eignung, Zusammenpassen und Kondition der Pferde, des Geschirrs und des Wagens

Abzüge gemäß LPO § 714.2

Zu erreichende Punktsumme: 230 = 100% (x Multiplikator 0,696 [bei komb. Prüfung] = 160 max. Punktsumme)

FEI-Fahraufgabe – Test 1* A

Zugelassen für Pferde und Ponys in 1*-Prüfungen
für Ein-, Zwei- und Vierspänner

National als Kl. M* zugelassen

Viereck 40 x 80 oder 40 x 100 m (Maße der Bögen 25 m) –
Dauer: etwa 7 Minuten

1.	A-X X	Einfahren im Gebrauchstrab. Halten. Grüßen.
2.	X-C-M-R	Gebrauchstrab.
3.	R	Versammelter Trab, Volte (20 m), Leinen in einer Hand.
4.	R-B B-L-K	Gebrauchstrab, Leinenführung beliebig. Mitteltrab.
5.	K-A A-L	Gebrauchstrab. Bogen 30 m (25 m).
6.	L	Halten, 8 Sekunden, Fahrer auf der Mittellinie.
7.	L-E-I	Schritt 40 m (30 m) Bogen.
8.	I-C C-H-S	Versammelter Trab, 30 m (25 m) Bogen. Gebrauchstrab.
9.	S-X-P-F	Mitteltrab.
10.	F-A-K-V	Versammelter Trab.
11.	V-S	Einfache Schlangenlinie (10 m).
12.	S-R R-X	Gebrauchstrab, halber 40-m-Zirkel. Leinen aus der Hand kauen lassen. (nur Ein- und Zweispänner) Gebrauchstrab.
13.	X	Halten, Fahrer auf der Mittellinie, rückwärtsrichten (3 m).
14.	X-V V-L	Versammelter Trab. Halbe 20-m-Volte, Leinen in einer Hand.
15.	L-X-G G	Mitteltrab, Leinenführung beliebig. Halten (Übergang zwischen I und G fließend). Grüßen.
		Im Gebrauchstrab die Bahn verlassen.

Druck: Oktober 2017

Gesamteindruck:

16. Gang
    Reinheit der Gänge, Ungebundenheit, Takt, Beibehaltung der Gangart durch alle Pferde
17. Schwung
    Gehlust, Elastizität der Bewegungen, Rückentätigkeit und Engagement der Hinterhand
18. Gehorsam und Losgelassenheit
    Willige Annahme der Hilfen, Stellung und Biegung, Durchlässigkeit, Maultätigkeit, Anlehnung und relative Aufrichtung
19. Fahrer
    Handhabung der Leinen und der Peitsche, Haltung auf dem Bock, Genauigkeit der Hufschlagfiguren
20. Präsentation
    Aufmachung und Erscheinungsbild von Fahrer und Beifahrern, Sauberkeit, Eignung, Zusammenpassen und Kondition der Pferde, des Geschirrs und des Wagens

Abzüge gemäß LPO § 714.2

Zu erreichende Punktsumme: 200 = 100% (x Multiplikator 0,8 [bei komb. Prüfung] = 160 max. Punktsumme)

Druck: Oktober 2017

FEI-Fahraufgabe – Test 1* B

(bisher Test 1)

Zugelassen für Pferde und Ponys in 1*-Prüfungen
für Ein-, Zwei- und Vierspänner

National als Kl. M* zugelassen

Viereck 40 x 100 m – Dauer: etwa 8 Minuten

1.	A-X	Einfahren im Gebrauchstrab.
	X	Halten. Grüßen.
2.	X-C-M-R	Gebrauchstrab.
	R-P	Einfache Schlangenlinie, 10 m Abstand vom Hufschlag.
	P-A-D-X	Gebrauchstrab.
3.	X	Volte links (20 m).
	X-C-M	Gebrauchstrab.
4.	M-E	Schritt.
5.	E-K-A-D-X	Gebrauchstrab.
6.	X	Volte rechts (20 m).
	X-C-H-S	Gebrauchstrab.
7.	S-I	Halbe Volte links.
	I-R	Halbe Volte rechts.
8.	R-X-V	Mitteltrab.
	V-K-A	Gebrauchstrab.
9.	A-X	Schlangenlinie durch die Bahn, 2 Bögen.
10.	X	Halten, 8 Sekunden Unbeweglichkeit.
11.	X	Rückwärtsrichten (3 bis 4 Tritte).
12.	X-B-R	Gebrauchstrab.
	R-S	Mitteltrab, halber Zirkel links (40 m).
13.	S-E	Gebrauchstrab.
	E-F	Schritt.
14.	F-A-K	Gebrauchstrab.
	K-X-M	Mitteltrab.
15.	M-C-H-E	Gebrauchstrab.
	E-B	Halber Zirkel links, dabei Leinen aus der Hand kauen lassen.
16.	B-X	Gebrauchstrab, halbe Volte links (20 m).
	X-F-A-D	Gebrauchstrab.
17.	D-G	Mitteltrab.

Druck: Oktober 2017

18. G	Halten. Grüßen.
	Im Gebrauchstrab die Bahn verlassen.

Gesamteindruck:

19. Gang
    Reinheit der Gänge, Ungebundenheit, Takt, Beibehaltung der Gangart durch alle Pferde
20. Schwung
    Gehlust, Elastizität der Bewegungen, Rückentätigkeit und Engagement der Hinterhand
21. Gehorsam und Losgelassenheit
    Willige Annahme der Hilfen, Stellung und Biegung, Durchlässigkeit, Maultätigkeit, Anlehnung und relative Aufrichtung
22. Fahrer
    Handhabung der Leinen und der Peitsche, Haltung auf dem Bock, Genauigkeit der Hufschlagfiguren
23. Präsentation
    Aufmachung und Erscheinungsbild von Fahrer und Beifahrern, Sauberkeit, Eignung, Zusammenpassen und Kondition der Pferde, des Geschirrs und des Wagens

Abzüge gemäß LPO § 714.2

Zu erreichende Punktsumme: 230 = 100% (x Multiplikator 0,696 bei komb. Prüfungen] = 160 max. Punktsumme)

IV. FEI-Fahraufgabe – Test 2* A

Zugelassen für Pferde und Ponys in 2*-Prüfungen
für Ein-, Zwei- und Vierspänner

National als Kl. S zugelassen**

Viereck 40 x 80 m oder 40 x 100 m – Dauer: etwa 6 Minuten

1.	A-X X	Einfahren im Gebrauchstrab. Halten. Grüßen.
2.	X-C-H	Gebrauchstrab.
3.	H-S-P	Mitteltrab.
4.	P	Versammelter Trab, Volte (20 m). Leinen in einer Hand.
5.	P-F-A A-C	Versammelter Trab, Leinenführung beliebig. Gebrauchstrab, 3 Bögen Schlangenlinie entlang der Mittellinie, je 5 m Abstand; 1. Bogen A-L 30 m (25 m), 2. Bogen L-I 40 m (30 m), 3. Bogen I-C 30 m (25 m), rechts beenden.
6.	C-M-R-I	Versammelter Trab.
7.	I	Volte rechts (20 m), gefolgt von
8.	I I-S-E	Volte links (20 m), Leinen in einer Hand. Versammelter Trab, Leinenführung beliebig.
9.	E-L	Schritt.
10.	L	Halten, 8 Sekunden, Fahrer auf der Mittellinie.
11.	L	Rückwärtsrichten (3 m).
12.	L-F-A-K	Schritt.
13.	K-V V-S	Versammelter Trab. Mitteltrab.
14.	S-R R-K	Gebrauchstrab, halber Zirkel (40 m). Starker Trab.
15.	K-A-D D-X-G G	Versammelter Trab. Starker Trab. Halten. Grüßen.
		Im Gebrauchstrab die Bahn verlassen.

 Druck: Oktober 2017

Gesamteindruck:

16. Gang
    Reinheit der Gänge, Ungebundenheit, Takt, Beibehaltung der Gangart durch alle Pferde
17. Schwung
    Gehlust, Elastizität der Bewegungen, Rückentätigkeit und Engagement der Hinterhand
18. Gehorsam und Losgelassenheit
    Willige Annahme der Hilfen, Stellung und Biegung, Durchlässigkeit, Maultätigkeit, Anlehnung und relative Aufrichtung
19. Fahrer
    Handhabung der Leinen und der Peitsche, Haltung auf dem Bock, Genauigkeit der Hufschlagfiguren
20. Präsentation
    Aufmachung und Erscheinungsbild von Fahrer und Beifahrern, Sauberkeit, Eignung, Zusammenpassen und Kondition der Pferde, des Geschirrs und des Wagens

Abzüge gemäß LPO § 714.2

Zu erreichende Punktsumme: 200 = 100% (x Multiplikator 0,8 [bei komb. Prüfung] = 160 max. Punktsumme)

Druck: Oktober 2017

FEI-Fahraufgabe – Test 2* B
(bisher Test 11)

Zugelassen für Pferde und Ponys in 2*-Prüfungen
für Ein-, Zwei- und Vierspänner

National als Kl. S* zugelassen**

Viereck 40 x 100 m – Dauer: etwa 8 Minuten

1.	A-X X	Einfahren im Gebrauchstrab. Halten. Grüßen.
2.	X-C-M	Versammelter Trab.
3.	M-X-K	Starker Trab.
4.	K-A-F F-B	Versammelter Trab. Einfache Schlangenlinie (15 m) (Zweispänner Leinen in einer Hand).
5.	B-M	Gebrauchstrab, einfache Schlangenlinie (10 m) (Zweispänner Leinen in einer Hand).
6.	M-C-H H-E	Gebrauchstrab (Zweispänner Leinenführung beliebig). Starker Trab.
7.	E E-X	Versammelter Trab. Halbe Volte links (20 m).
8.	X-B-X	Volte (20 m), Leinen in einer Hand. Beginn Fahrer auf X, beenden erstes Pferd auf X.
9.	X-E E-F-A-D-L	Halbe Volte links (20 m), Leinenführung beliebig. Gebrauchstrab.
10.	L	Halten, 8 Sekunden Unbeweglichkeit.
11.	L-X-M	Freier Schritt.
12.	M-C C C-H	Versammelter Trab. Volte (15 m). Versammelter Trab.
13.	H-P	Starker Trab.
14.	P P-L	Versammelter Trab. Halbe Volte rechts, Leinen in einer Hand.
15.	L-M	Starker Trab, Leinen in einer Hand.
16.	M-C C	Gebrauchstrab, Leinenführung beliebig. Schlangenlinie durch die Bahn 2, Bögen je 20 m. Halten senkrecht zur Mittellinie, Fahrer auf der Mittellinie.

 Druck: Oktober 2017

17.		Rückwärtsrichten (3 m).
18.		Gebrauchstrab halbe Volte zu E.
	E-V	Gebrauchstrab.
19.	V	Versammelter Trab.
	V-L	Halbe Volte links (20 m), Leinen in einer Hand.
20.	L-H	Starker Trab, Leinen in einer Hand.
	H-C-M	Gebrauchstrab, Leinenführung beliebig.
21.	M-E-V	Freier Schritt.
22.	V-K-A-D	Versammelter Trab.
	D-X-G	Starker Trab.
	G	Halten. Grüßen.
		Im Gebrauchstrab die Bahn verlassen.

Gesamteindruck:

23. Gang
Reinheit der Gänge, Ungebundenheit, Takt, Beibehaltung der Gangart durch alle Pferde
24. Schwung
Gehlust, Elastizität der Bewegungen, Rückentätigkeit und Engagement der Hinterhand
25. Gehorsam und Losgelassenheit
Willige Annahme der Hilfen, Stellung und Biegung, Durchlässigkeit, Maultätigkeit, Anlehnung und relative Aufrichtung
26. Fahrer
Handhabung der Leinen und der Peitsche, Haltung auf dem Bock, Genauigkeit der Hufschlagfiguren
27. Präsentation
Aufmachung und Erscheinungsbild von Fahrer und Beifahrern, Sauberkeit, Eignung, Zusammenpassen und Kondition der Pferde, des Geschirrs und des Wagens

Abzüge gemäß LPO § 714.2

Zu erreichende Punktsumme: 270 = 100% (x Multiplikator 0,59 [bei komb. Prüfung] = 160 max. Punktsumme)

FEI-Fahraufgabe – Test 2* C

(bisher Test 6 A)

Zugelassen für Pferde und Ponys in 2*-Prüfungen
für Ein-, Zwei- und Vierspänner

National als Kl. S zugelassen**

Viereck 40 x 100 m – Dauer: etwa 11 Minuten

1.	A	Einfahren im Gebrauchstrab.
	X	Halten. Grüßen.
2.	X-C-H	Gebrauchstrab.
3.	H-X	Versammelter Trab.
	X	Leinen in einer Hand, Volte rechts (20 m).
4.	X-K	Versammelter Trab.
	K-A-F	Gebrauchstrab, Leinenführung beliebig.
5.	F-P-X-S-H	Starker Trab.
	H-C-M	Gebrauchstrab.
6.	M-X	Versammelter Trab.
	X	Leinen in einer Hand, Volte links (20 m).
7.	X-F	Versammelter Trab.
	F-A-K	Gebrauchstrab, Leinenführung beliebig.
8.	K-V-X-R-M	Starker Trab.
	M-C-H-S	Gebrauchstrab.
9.	S-E-X-B-P	Schritt.
10.	P-F-A-D	Versammelter Trab.
	D-X	Starker Trab.
11.	X	Versammelter Trab, Volte rechts (15 m).
12.	X	Volte links (15 m).
13.	X-G	Starker Trab.
	G-C-H	Gebrauchstrab.
14.	H-E	Einfache Schlangenlinie, 10 m Abstand vom Hufschlag.
	E-V	Gebrauchstrab.
15.	V	Versammelter Trab.
	V-L	Halbe Volte links (20 m).
	L-X	Versammelter Trab.
16.	X	Halten. 10 Sekunden Unbeweglichkeit.

17.	X	Rückwärtsrichten (3 m), daraus anfahren im versammelten Trab.
18.	X-I	Versammelter Trab.
	I-R	Halbe Volte rechts (20 m).
19.	R-B	Gebrauchstrab.
	B-F	Einfache Schlangenlinie, 10 m Abstand vom Hufschlag.
	F-A-D	Gebrauchstrab.
20.	D-X-G	Starker Trab.
	G	Halten. Grüßen.
		Im Gebrauchstrab die Bahn verlassen.

Gesamteindruck:

21. Gang
Reinheit der Gänge, Ungebundenheit, Takt, Beibehaltung der Gangart durch alle Pferde
22. Schwung
Gehlust, Elastizität der Bewegungen, Rückentätigkeit und Engagement der Hinterhand
23. Gehorsam und Losgelassenheit
Willige Annahme der Hilfen, Stellung und Biegung, Durchlässigkeit, Maultätigkeit, Anlehnung und relative Aufrichtung
24. Fahrer
Handhabung der Leinen und der Peitsche, Haltung auf dem Bock, Genauigkeit der Hufschlagfiguren
25. Präsentation
Aufmachung und Erscheinungsbild von Fahrer und Beifahrern, Sauberkeit, Eignung, Zusammenpassen und Kondition der Pferde, des Geschirrs und des Wagens

Abzüge gemäß LPO § 714.2

Zu erreichende Punktsumme: 250 = 100% (x Multiplikator 0,64 [bei komb. Prüfung] = 160 max. Punktsumme)

FEI-Fahraufgabe – Test 3* A HP1

Zugelassen für Pferde und Ponys in 3*-Prüfungen
für Einspänner

National als Kl. S zugelassen**

Viereck 40 x 80 m oder 40 x 100 m – Dauer: etwa 6 Minuten

1.	A-X X	Einfahren im Gebrauchstrab. Halten. Grüßen.
2.	X-C-H	Gebrauchstrab.
3.	H-S-P	Mitteltrab.
4.	P	Versammelter Trab, Volte (20 m). Leinen in einer Hand.
5.	P-F-A A-C	Versammelter Trab, Leinenführung beliebig. Gebrauchstrab, 3 Bögen Schlangenlinie entlang der Mittellinie, je 5 m Abstand; 1. Bogen A-L 30 m (25 m), 2. Bogen L-I 40 m (30 m), 3. Bogen I-C 30 m (25 m), rechts beenden.
6.	C-M-R-I	Versammelter Trab.
7.	I	Volte rechts (20 m), gefolgt von
8.	I I-S-E	Volte links (20 m), Leinen in einer Hand. Versammelter Trab, Leinenführung beliebig.
9.	E-L	Schritt.
10.	L	Halten, 8 Sekunden, Fahrer auf der Mittellinie.
11.	L	Rückwärtsrichten (3 m).
12.	L-F-A-K	Schritt.
13.	K-V V-S	Versammelter Trab. Mitteltrab.
14.	S-R R-K	Gebrauchstrab, halber Zirkel (40 m). Starker Trab.
15.	K-A-D D-X-G G	Versammelter Trab. Starker Trab. Halten. Grüßen.
		Im Gebrauchstrab die Bahn verlassen.

Gesamteindruck:

16. Gang
    Reinheit der Gänge, Ungebundenheit, Takt, Beibehaltung der Gangart durch alle Pferde
17. Schwung
    Gehlust, Elastizität der Bewegungen, Rückentätigkeit und Engagement der Hinterhand
18. Gehorsam und Losgelassenheit
    Willige Annahme der Hilfen, Stellung und Biegung, Durchlässigkeit, Maultätigkeit, Anlehnung und relative Aufrichtung
19. Fahrer
    Handhabung der Leinen und der Peitsche, Haltung auf dem Bock, Genauigkeit der Hufschlagfiguren
20. Präsentation
    Aufmachung und Erscheinungsbild von Fahrer und Beifahrern, Sauberkeit, Eignung, Zusammenpassen und Kondition der Pferde, des Geschirrs und des Wagens

Abzüge gemäß LPO § 714.2

Zu erreichende Punktsumme: 200 = 100% (x Multiplikator 0,8 [bei komb. Prüfung] = 160 max. Punktsumme)

FEI-Fahraufgabe – Test 3* B HP1

Zugelassen für Pferde und Ponys in 3*-Prüfungen
für Einspänner

National als Kl. S* zugelassen**

Viereck 40 x 80 m oder 40 x 100 m – Dauer: etwa 7 ½ Minuten

1.	A-X	Einfahren im Gebrauchstrab.
	X	Halten. Grüßen.
2.	X-C-H	Versammelter Trab.
3.	H-E	Starker Trab.
4.	E-X	Versammelter Trab, halbe Volte links, Leinen in einer Hand (deutlich sichtbar).
	X-B	Halbe Volte rechts, Leinen in einer Hand.
5.	B-F	Starker Trab, Leinen in einer Hand.
	F-A-D	Gebrauchstrab, Leinenführung beliebig.
6.	D-S	Übertreten rechts im Gebrauchstrab.
7.	S-R	Mitteltrab, halber 40-m-Zirkel rechts.
8.	R-X-V-K	Starker Trab.
9.	K-A-D	Gebrauchstrab.
	D-R	Übertreten links im Gebrauchstrab.
10.	R-S	Mitteltrab, halber 40-m-Zirkel links.
11.	S-E	Schritt.
12.	E-P	Freier Schritt.
13.	P-F	Versammelter Trab.
	F-D	Halbe 20-m-Volte rechts.
14.	D	Arbeitsgalopp rechts.
	D-F	Halbe Volte.
	F-A	Arbeitsgalopp.
	A-L	Bogen 30 m (25 m).
15.	L	Versammelter Trab.
	L-X	Bogen 20 m (15 m) links.
16.	X	Halten, 8 Sekunden, Fahrer auf Mittellinie.
17.	X-I	Versammelter Trab, Bogen 20 m (15 m) rechts.
18.	I-C	Versammelter Galopp links, Bogen 30 m (25 m) links.

 Druck: Oktober 2017

19.	C-H	Versammelter Galopp.
	H-X-F	Starker Galopp.
20.	F-A-K	Gebrauchstrab.
	K-E	Starker Trab.
	E-X	Versammelter Trab.
21.	X	Halten, Fahrer auf der Mittellinie.
	X	Rückwärtsrichten (6 Tritte).
22.	X-B	Versammelter Trab.
	B-M	Starker Trab.
	M-C-H	Gebrauchstrab.
23.	H-E	Schlangenlinie 10 m Abstand, Leinen in einer Hand (deutlich sichtbar).
24.	E	Versammelter Trab.
	E-K	Schlangenlinie 20 m (15 m).
25.	K-A-D	Versammelter Trab, Leinenführung beliebig.
	D-X-G	Starker Trab.
	G	Halten. Grüßen.
		Im Gebrauchstrab die Bahn verlassen.

Gesamteindruck:

26. Gang
    Reinheit der Gänge, Ungebundenheit, Takt, Beibehaltung der Gangart durch alle Pferde
27. Schwung
    Gehlust, Elastizität der Bewegungen, Rückentätigkeit und Engagement der Hinterhand
28. Gehorsam und Losgelassenheit
    Willige Annahme der Hilfen, Stellung und Biegung, Durchlässigkeit, Maultätigkeit, Anlehnung und relative Aufrichtung
29. Fahrer
    Handhabung der Leinen und der Peitsche, Haltung auf dem Bock, Genauigkeit der Hufschlagfiguren
30. Präsentation
    Aufmachung und Erscheinungsbild von Fahrer und Beifahrern, Sauberkeit, Eignung, Zusammenpassen und Kondition der Pferde, des Geschirrs und des Wagens

Abzüge gemäß LPO § 714.2

Zu erreichende Punktsumme: 300 = 100% (x Multiplikator 0,5333 [bei komb. Prüfung] = 160 max. Punktsumme)

FEI-Fahraufgabe – Test 3* C HP1
(bisher Test 9)

Zugelassen für Pferde und Ponys in 3*-Prüfungen
für Einspänner

National als Kl. S* zugelassen**

Viereck 40 x 100 m – Dauer: etwa 7 Minuten

1.	A X	Einfahren im Gebrauchstrab. Halten. Grüßen.
2.	X-G-C-M	Versammelter Trab.
3.	M-X-F F-A-D	Starker Trab, dabei Linie über X 4 m abgerundet. Gebrauchstrab.
4.	D-L L	Versammelter Trab. Leinen in einer Hand. Volte rechts (20 m), Volte links (15 m).
5.	L-I	Starker Trab, Leinenführung beliebig.
6.	I I-G-C-H	Versammelter Trab, Leinen in einer Hand. Volte links (20 m), Volte rechts (15 m). Gebrauchstrab, Leinenführung beliebig.
7.	H-X-K K-A	Starker Trab, dabei Linie über X 4 m abgerundet. Gebrauchstrab.
8.	A	Schlangenlinie durch die Bahn, 3 Bögen, 1. Bogen links (33 m) im Gebrauchstrab. Halten senkrecht zur Mittellinie, der Fahrer muss sich auf der Mittellinie befinden.
9.	Mittellinie	Halten, 10 Sekunden.
10.		Anfahren im Schritt, 2. Bogen rechts (33 m). Halten senkrecht zur Mittellinie, Fahrer auf der Mittellinie.
11.		Rückwärtsrichten (5 Tritte).
12.	Mittellinie-M	Versammelter Trab, 3. Bogen links (33 m).
13.	Zwischen M und C X	 Angaloppieren links, Bogen (50 m) bis X. Versammelter Trab.
14.	X	Versammelter Trab, Zirkel (30 m) rechts bis Mittellinie.

Druck: Oktober 2017

15.	Zwischen Mittellinie und V	Angaloppieren rechts, Zirkel (40 m) bis P, dabei Kreuzen der Mittellinie mittig zwischen X und I.
16.	P-F-A-P	Gebrauchstrab, Kehrtwendung.
	P-B	Gebrauchstrab.
17.	B-M	Einfache Schlangenlinie, Leinen in einer Hand, 15 m Abstand vom Hufschlag.
	M-C-H	Leinenführung beliebig.
18.	H	Versammelter Trab, Volte links (10 m).
	H-B	Starker Trab.
19.	B	Versammelter Trab, Volte rechts (10 m).
	B-K	Starker Trab.
20.	K-A-D	Versammelter Trab.
	D-G	Starker Trab.
	G	Halten. Grüßen.
		Im Gebrauchstrab die Bahn verlassen.

Gesamteindruck:

21. Gang
    Reinheit der Gänge, Ungebundenheit, Takt, Beibehaltung der Gangart durch alle Pferde
22. Schwung
    Gehlust, Elastizität der Bewegungen, Rückentätigkeit und Engagement der Hinterhand
23. Gehorsam und Losgelassenheit
    Willige Annahme der Hilfen, Stellung und Biegung, Durchlässigkeit, Maultätigkeit, Anlehnung und relative Aufrichtung
24. Fahrer
    Handhabung der Leinen und der Peitsche, Haltung auf dem Bock, Genauigkeit der Hufschlagfiguren
25. Präsentation
    Aufmachung und Erscheinungsbild von Fahrer und Beifahrern, Sauberkeit, Eignung, Zusammenpassen und Kondition der Pferde, des Geschirrs und des Wagens

Abzüge gemäß LPO § 714.2

Zu erreichende Punktsumme: 250 = 100% (x Multiplikator 0,64 [bei komb. Prüfung] = 160 max. Punktsumme)

FEI-Fahraufgabe – Test 3* A HP2

Zugelassen für Pferde und Ponys in 3*-Prüfungen
für Zweispänner

National als Kl. S zugelassen**

Viereck 40 x 80 m oder 40 x 100 m – Dauer: etwa 6 Minuten

1.	A-X X	Einfahren im Gebrauchstrab. Halten. Grüßen.
2.	X-C-H	Gebrauchstrab.
3.	H-S-P	Mitteltrab.
4.	P	Versammelter Trab, Volte (20 m). Leinen in einer Hand.
5.	P-F-A A-C	Versammelter Trab, Leinenführung beliebig. Gebrauchstrab, 3 Bögen Schlangenlinie entlang der Mittellinie, je 5 m Abstand; 1. Bogen A-L 30 m (25 m), 2. Bogen L-I 40 m (30 m), 3. Bogen I-C 30 m (25 m), rechts beenden.
6.	C-M-R-I	Versammelter Trab.
7.	I	Volte rechts (20 m), gefolgt von
8.	I I-S-E	Volte links (20 m), Leinen in einer Hand. Versammelter Trab, Leinenführung beliebig.
9.	E-L	Schritt.
10.	L	Halten, 8 Sekunden, Fahrer auf der Mittellinie.
11.	L	Rückwärtsrichten (3 m).
12.	L-F-A-K	Schritt.
13.	K-V V-S	Versammelter Trab. Mitteltrab.
14.	S-R R-K	Gebrauchstrab, halber Zirkel (40 m). Starker Trab.
15.	K-A-D D-X-G G	Versammelter Trab. Starker Trab. Halten. Grüßen.
		Im Gebrauchstrab die Bahn verlassen.

Druck: Oktober 2017

Gesamteindruck:

16. Gang
    Reinheit der Gänge, Ungebundenheit, Takt, Beibehaltung der Gangart durch alle Pferde
17. Schwung
    Gehlust, Elastizität der Bewegungen, Rückentätigkeit und Engagement der Hinterhand
18. Gehorsam und Losgelassenheit
    Willige Annahme der Hilfen, Stellung und Biegung, Durchlässigkeit, Maultätigkeit, Anlehnung und relative Aufrichtung
19. Fahrer
    Handhabung der Leinen und der Peitsche, Haltung auf dem Bock, Genauigkeit der Hufschlagfiguren
20. Präsentation
    Aufmachung und Erscheinungsbild von Fahrer und Beifahrern, Sauberkeit, Eignung, Zusammenpassen und Kondition der Pferde, des Geschirrs und des Wagens

Abzüge gemäß LPO § 714.2

Zu erreichende Punktsumme: 200 = 100% (x Multiplikator 0,8 [bei komb. Prüfung] = 160 max. Punktsumme)

FEI-Fahraufgabe – Test 3* B HP2
(bisher Test 11)

Zugelassen für Pferde und Ponys in 3*-Prüfungen
für Zweispänner

National als Kl. S* zugelassen**

Viereck 40 x 100 m – Dauer: etwa 8 Minuten

1.	A-X X	Einfahren im Gebrauchstrab. Halten. Grüßen.
2.	X-C-M	Versammelter Trab.
3.	M-X-K	Starker Trab.
4.	K-A-F F-B	Versammelter Trab. Einfache Schlangenlinie (15 m) (Leinen in einer Hand).
5.	B-M	Gebrauchstrab, einfache Schlangenlinie (10 m) (Leinen in einer Hand).
6.	M-C-H H-E	Gebrauchstrab (Leinenführung beliebig). Starker Trab.
7.	E E-X	Versammelter Trab. Halbe Volte links (20 m).
8.	X-B-X	Volte (20 m), Leinen in einer Hand. Beginn Fahrer auf X, beenden erstes Pferd auf X.
9.	X-E E-F-A-D-L	Halbe Volte links (20 m), Leinenführung beliebig. Gebrauchstrab.
10.	L	Halten, 8 Sekunden Unbeweglichkeit.
11.	L-X-M	Freier Schritt.
12.	M-C C C-H	Versammelter Trab. Volte (15 m). Versammelter Trab.
13.	H-P	Starker Trab.
14.	P P-L	Versammelter Trab. Halbe Volte rechts, Leinen in einer Hand.
15.	L-M	Starker Trab, Leinen in einer Hand.
16.	M-C C	Gebrauchstrab, Leinenführung beliebig. Schlangenlinie durch die Bahn, 2 Bögen je 20 m. Halten senkrecht zur Mittellinie, Fahrer auf der Mittellinie.

17.		Rückwärtsrichten (3 m).
18.		Gebrauchstrab halbe Volte zu E.
	E-V	Gebrauchstrab.
19.	V	Versammelter Trab.
	V-L	Halbe Volte links (20 m), Leinen in einer Hand.
20.	L-H	Starker Trab, Leinen in einer Hand.
	H-C-M	Gebrauchstrab, Leinenführung beliebig.
21.	M-E-V	Freier Schritt.
22.	V-K-A-D	Versammelter Trab.
	D-X-G	Starker Trab.
	G	Halten. Grüßen.
		Im Gebrauchstrab die Bahn verlassen.

Gesamteindruck:

23. Gang
    Reinheit der Gänge, Ungebundenheit, Takt, Beibehaltung der Gangart durch alle Pferde
24. Schwung
    Gehlust, Elastizität der Bewegungen, Rückentätigkeit und Engagement der Hinterhand
25. Gehorsam und Losgelassenheit
    Willige Annahme der Hilfen, Stellung und Biegung, Durchlässigkeit, Maultätigkeit, Anlehnung und relative Aufrichtung
26. Fahrer
    Handhabung der Leinen und der Peitsche, Haltung auf dem Bock, Genauigkeit der Hufschlagfiguren
27. Präsentation
    Aufmachung und Erscheinungsbild von Fahrer und Beifahrern, Sauberkeit, Eignung, Zusammenpassen und Kondition der Pferde, des Geschirrs und des Wagens

Abzüge gemäß LPO § 714.2

Zu erreichende Punktsumme: 270 = 100% (x Multiplikator 0,59 [bei komb. Prüfung] = 160 max. Punktsumme)

FEI-Fahraufgabe – Test 3* C HP2

(bisher Test 8 B)

Zugelassen für Pferde und Ponys in 3*-Prüfungen
für Zweispänner

National als Kl. S* zugelassen**

Viereck 40 x 100 m – Dauer: etwa 8 Minuten

1.	A-X	Einfahren im Gebrauchstrab. Halten. Grüßen.
2.	X-C-H	Versammelter Trab.
3.	H-X	Starker Trab.
4.	X	Leinen in einer Hand. Versammelter Trab. Volte rechts (20 m).
5.	X-K K-A-F	Starker Trab. Leinenführung beliebig. Versammelter Trab.
6.	F-B B	Versammelter Trab, Leinen in einer Hand, einfache Schlangenlinie, 15 m Abstand. Leinenführung beliebig.
7.	B-H H-C-M	Starker Trab. Gebrauchstrab.
8.	M-X	Starker Trab.
9.	X	Leinen in einer Hand. Versammelter Trab. Volte links (20 m).
10.	X-F F-A-K	Starker Trab. Leinenführung beliebig. Versammelter Trab.
11.	K-E E	Versammelter Trab, Leinen in einer Hand, einfache Schlangenlinie, 15 m Abstand. Leinenführung beliebig.
12.	E-M M-C	Starker Trab. Gebrauchstrab.
13.	C	Gebrauchstrab. Schlangenlinie durch die Bahn, 3 Bögen zu je 33 m, links beginnen. Nach dem 1. Bogen senkrecht zur Mittellinie halten. Der Fahrer muss auf der Mittellinie stehen. 8 Sekunden Unbeweglichkeit.
14.		Weiter nach rechts im Gebrauchstrab. Nach dem 2. Bogen senkrecht zur Mittellinie halten, Fahrer auf der Mittellinie.

 Druck: Oktober 2017

15.		Rückwärtsrichten (3 m).
16.		Den 3. Bogen im Gebrauchstrab links beenden.
	A-F	Gebrauchstrab.
17.	F-P-X-S	Schritt.
18.	S-H-C	Versammelter Trab.
	C	Leinen in einer Hand. Volte rechts (15 m).
	C-M-R	Versammelter Trab. Leinenführung beliebig.
19.	R-X-V-K	Starker Trab.
	K-A-D	Versammelter Trab.
20.	D-X-G	Starker Trab.
	G	Halten. Grüßen.
		Im Gebrauchstrab die Bahn verlassen.

Gesamteindruck:

21. Gang
    Reinheit der Gänge, Ungebundenheit, Takt, Beibehaltung der Gangart durch alle Pferde
22. Schwung
    Gehlust, Elastizität der Bewegungen, Rückentätigkeit und Engagement der Hinterhand
23. Gehorsam und Losgelassenheit
    Willige Annahme der Hilfen, Stellung und Biegung, Durchlässigkeit, Maultätigkeit, Anlehnung und relative Aufrichtung
24. Fahrer
    Handhabung der Leinen und der Peitsche, Haltung auf dem Bock, Genauigkeit der Hufschlagfiguren
25. Präsentation
    Aufmachung und Erscheinungsbild von Fahrer und Beifahrern, Sauberkeit, Eignung, Zusammenpassen und Kondition der Pferde, des Geschirrs und des Wagens

Abzüge gemäß LPO § 714.2

Zu erreichende Punktsumme: 250 = 100% (x Multiplikator 0,64 [bei komb. Prüfung] = 160 max. Punktsumme)

FEI-Fahraufgabe – Test 3* A HP4

Zugelassen für Pferde und Ponys in 3*-Prüfungen
für Vierspänner

National als Kl. S zugelassen**

Viereck 40 x 80 m oder 40 x 100 m – Dauer: etwa 6 Minuten

1.	A-X X	Einfahren im Gebrauchstrab. Halten. Grüßen.
2.	X-C-H	Gebrauchstrab.
3.	H-S-P	Mitteltrab.
4.	P	Versammelter Trab, Volte (20 m). Leinen in einer Hand.
5.	P-F-A A-C	Versammelter Trab, Leinenführung beliebig. Gebrauchstrab, 3 Bögen Schlangenlinie entlang der Mittellinie, je 5 m Abstand; 1. Bogen A-L 30 m (25 m), 2. Bogen L-I 40 m (30 m), 3. Bogen I-C 30 m (25 m), rechts beenden.
6.	C-M-R-I	Versammelter Trab.
7.	I	Volte rechts (20 m), gefolgt von
8.	I I-S-E	Volte links (20 m), Leinen in einer Hand. Versammelter Trab, Leinenführung beliebig.
9.	E-L	Schritt.
10.	L	Halten, 8 Sekunden, Fahrer auf der Mittellinie.
11.	L	Rückwärtsrichten (3 m).
12.	L-F-A-K	Schritt.
13.	K-V V-S	Versammelter Trab. Mitteltrab.
14.	S-R R-K	Gebrauchstrab, halber Zirkel (40 m). Starker Trab.
15.	K-A-D D-X-G G	Versammelter Trab. Starker Trab. Halten. Grüßen.
		Im Gebrauchstrab die Bahn verlassen.

 Druck: Oktober 2017

Gesamteindruck:

16. Gang
    Reinheit der Gänge, Ungebundenheit, Takt, Beibehaltung der Gangart durch alle Pferde
17. Schwung
    Gehlust, Elastizität der Bewegungen, Rückentätigkeit und Engagement der Hinterhand
18. Gehorsam und Losgelassenheit
    Willige Annahme der Hilfen, Stellung und Biegung, Durchlässigkeit, Maultätigkeit, Anlehnung und relative Aufrichtung
19. Fahrer
    Handhabung der Leinen und der Peitsche, Haltung auf dem Bock, Genauigkeit der Hufschlagfiguren
20. Präsentation
    Aufmachung und Erscheinungsbild von Fahrer und Beifahrern, Sauberkeit, Eignung, Zusammenpassen und Kondition der Pferde, des Geschirrs und des Wagens

Abzüge gemäß LPO § 714.2

Zu erreichende Punktsumme: 200 = 100% (x Multiplikator 0,8 [bei komb. Prüfung] = 160 max. Punktsumme)

FEI-Fahraufgabe – Test 3* B HP4
(bisher Test 11)

Zugelassen für Pferde und Ponys in 3*-Prüfungen
für Vierspänner

National als Kl. S* zugelassen**

Viereck 40 x 100 m – Dauer: etwa 8 Minuten

1.	A-X X	Einfahren im Gebrauchstrab. Halten. Grüßen.
2.	X-C-M	Versammelter Trab.
3.	M-X-K	Starker Trab.
4.	K-A-F F-B	Versammelter Trab. Einfache Schlangenlinie (15 m) (Zweispänner Leinen in einer Hand).
5.	B-M	Gebrauchstrab, einfache Schlangenlinie (10 m) (Zweispänner Leinen in einer Hand).
6.	M-C-H H-E	Gebrauchstrab (Zweispänner Leinenführung beliebig). Starker Trab.
7.	E E-X	Versammelter Trab. Halbe Volte links (20 m).
8.	X-B-X	Volte (20 m), Leinen in einer Hand. Beginn Fahrer auf X, beenden erstes Pferd auf X.
9.	X-E E-F-A-D-L	Halbe Volte links (20 m), Leinenführung beliebig. Gebrauchstrab.
10.	L	Halten, 8 Sekunden Unbeweglichkeit.
11.	L-X-M	Freier Schritt.
12.	M-C C C-H	Versammelter Trab. Volte (15 m). Versammelter Trab.
13.	H-P	Starker Trab.
14.	P P-L	Versammelter Trab. Halbe Volte rechts, Leinen in einer Hand.
15.	L-M	Starker Trab, Leinen in einer Hand.
16.	M-C C	Gebrauchstrab, Leinenführung beliebig. Schlangenlinie durch die Bahn, 2 Bögen je 20 m. Halten senkrecht zur Mittellinie, Fahrer auf der Mittellinie.

 Druck: Oktober 2017

17.		Rückwärtsrichten (3 m).
18.		Gebrauchstrab halbe Volte zu E.
	E-V	Gebrauchstrab.
19.	V	Versammelter Trab.
	V-L	Halbe Volte links (20 m), Leinen in einer Hand.
20.	L-H	Starker Trab, Leinen in einer Hand.
	H-C-M	Gebrauchstrab, Leinenführung beliebig.
21.	M-E-V	Freier Schritt.
22.	V-K-A-D	Versammelter Trab.
	D-X-G	Starker Trab.
	G	Halten. Grüßen.
		Im Gebrauchstrab die Bahn verlassen.

Gesamteindruck:

23. Gang
    Reinheit der Gänge, Ungebundenheit, Takt, Beibehaltung der Gangart durch alle Pferde
24. Schwung
    Gehlust, Elastizität der Bewegungen, Rückentätigkeit und Engagement der Hinterhand
25. Gehorsam und Losgelassenheit
    Willige Annahme der Hilfen, Stellung und Biegung, Durchlässigkeit, Maultätigkeit, Anlehnung und relative Aufrichtung
26. Fahrer
    Handhabung der Leinen und der Peitsche, Haltung auf dem Bock, Genauigkeit der Hufschlagfiguren
27. Präsentation
    Aufmachung und Erscheinungsbild von Fahrer und Beifahrern, Sauberkeit, Eignung, Zusammenpassen und Kondition der Pferde, des Geschirrs und des Wagens

Abzüge gemäß LPO § 714.2

Zu erreichende Punktsumme: 270 = 100% (x Multiplikator 0,59 [bei komb. Prüfung] = 160 max. Punktsumme)

FEI-Fahraufgabe – Test 3* C H4
(bisher Test 8 A)

Zugelassen für Pferde in 3*-Prüfungen
für Vierspänner

National als Kl. S* zugelassen**

Viereck 40 x 100 m – Dauer: etwa 7 Minuten

1.	A	Einfahren im Gebrauchstrab.
	X	Halten. Grüßen.
2.	X-C-H	Versammelter Trab.
3.	H-X	Starker Trab.
4.	X	Leinen in einer Hand. Versammelter Trab. Volte rechts (20 m).
5.	X-K	Starker Trab.
	K	Leinenführung beliebig.
	K-A-F	Versammelter Trab.
6.	F-P-B	Versammelter Trab. Vorderpferde Schulterherein.
7.	B-I-H	Starker Trab.
	H-C-M	Gebrauchstrab.
8.	M-X	Starker Trab.
9.	X	Leinen in einer Hand. Versammelter Trab. Volte links (20 m).
10.	X-F	Starker Trab.
	F	Leinenführung beliebig.
	F-A-K	Versammelter Trab.
11.	K-V-E	Versammelter Trab. Vorderpferde Schulterherein.
12.	E-I-M	Starker Trab.
	M-C	Gebrauchstrab.
13.	C	Schlangenlinie durch die Bahn, 3 Bögen zu je 33 m, links beginnen. Nach dem 1. Bogen senkrecht zur Mittellinie halten. Der Fahrer muss auf der Mittellinie stehen. 8 Sekunden Unbeweglichkeit.
14.		Weiter nach rechts im Gebrauchstrab. Nach dem 2. Bogen senkrecht zur Mittellinie halten. Der Fahrer muss auf der Mittellinie stehen.
15.		Rückwärtsrichten (3 m).

16.		Den 3. Bogen im Gebrauchstrab links beenden.
	A-F	Gebrauchstrab.
17.	F-P-X-S	Schritt.
18.	S-H-C	Versammelter Trab.
	C	Leinen in einer Hand. Volte rechts (15 m).
	C-M-R	Versammelter Trab. Leinenführung beliebig.
19.	R-X-V-K	Starker Trab.
	K-A-D	Versammelter Trab.
20.	D-X-G	Starker Trab.
	G	Halten. Grüßen.
		Im Gebrauchstrab die Bahn verlassen.

Gesamteindruck:

21. Gang
    Reinheit der Gänge, Ungebundenheit, Takt, Beibehaltung der Gangart durch alle Pferde
22. Schwung
    Gehlust, Elastizität der Bewegungen, Rückentätigkeit und Engagement der Hinterhand
23. Gehorsam und Losgelassenheit
    Willige Annahme der Hilfen, Stellung und Biegung, Durchlässigkeit, Maultätigkeit, Anlehnung und relative Aufrichtung
24. Fahrer
    Handhabung der Leinen und der Peitsche, Haltung auf dem Bock, Genauigkeit der Hufschlagfiguren
25. Präsentation
    Aufmachung und Erscheinungsbild von Fahrer und Beifahrern, Sauberkeit, Eignung, Zusammenpassen und Kondition der Pferde, des Geschirrs und des Wagens

Abzüge gemäß LPO § 714.2

Zu erreichende Punktsumme: 250 = 100% (x Multiplikator 0,64 [bei komb. Prüfung] = 160 max. Punktsumme)

Druck: Oktober 2017

FEI-Fahraufgabe – Test 3* D P4
(bisher Test 8 C)

Zugelassen für Ponys in 3*-Prüfungen
für Vierspänner

National als Kl. S* zugelassen**

Viereck 40 x 100 m – Dauer: etwa 8 Minuten

1.	A-X	Einfahren im Gebrauchstrab. Halten. Grüßen.
2.	X-C-H	Versammelter Trab.
3.	H-X	Starker Trab.
4.	X	Leinen in einer Hand, versammelter Trab. Volte rechts (20 m).
5.	X-K K-A-F	Starker Trab. Leinenführung beliebig, versammelter Trab.
6.	F-B	Versammelter Trab, einfache Schlangenlinie, 15 m Abstand.
7.	B-H H-C-M	Starker Trab. Gebrauchstrab.
8.	M-X	Starker Trab.
9.	X	Leinen in einer Hand. Versammelter Trab. Volte links (20 m).
10.	X-F F-A-K	Starker Trab. Leinenführung beliebig. Versammelter Trab.
11.	K-E	Versammelter Trab, einfache Schlangenlinie, 15 m Abstand.
12.	E-M M-C	Starker Trab. Gebrauchstrab.
13.	C	Gebrauchstrab. Schlangenlinie durch die Bahn, 3 Bögen zu je 33 m, links beginnen. Nach dem 1. Bogen senkrecht zur Mittellinie halten. Der Fahrer muss auf der Mittellinie stehen. 8 Sekunden Unbeweglichkeit.
14.		Weiter nach rechts im Gebrauchstrab. Nach dem 2. Bogen senkrecht zur Mittellinie halten. Der Fahrer muss auf der Mittellinie stehen.
15.		Rückwärtsrichten (3 m).

 Druck: Oktober 2017

16.		Den 3. Bogen im Gebrauchstrab links beenden.
	A-F	Gebrauchstrab.
17.	F-P-X-S	Schritt.
18.	S-H-C	Versammelter Trab.
	C	Leinen in einer Hand. Volte rechts (15 m).
	C-M-R	Versammelter Trab. Leinenführung beliebig.
19.	R-X-V-K	Starker Trab.
	K-A-D	Versammelter Trab.
20.	D-X-G	Starker Trab.
	G	Halten. Grüßen.
		Im Gebrauchstrab die Bahn verlassen.

Gesamteindruck:

21. Gang
Reinheit der Gänge, Ungebundenheit, Takt, Beibehaltung der Gangart durch alle Pferde
22. Schwung
Gehlust, Elastizität der Bewegungen, Rückentätigkeit und Engagement der Hinterhand
23. Gehorsam und Losgelassenheit
Willige Annahme der Hilfen, Stellung und Biegung, Durchlässigkeit, Maultätigkeit, Anlehnung und relative Aufrichtung
24. Fahrer
Handhabung der Leinen und der Peitsche, Haltung auf dem Bock, Genauigkeit der Hufschlagfiguren
25. Präsentation
Aufmachung und Erscheinungsbild von Fahrer und Beifahrern, Sauberkeit, Eignung, Zusammenpassen und Kondition der Pferde, des Geschirrs und des Wagens

Abzüge gemäß LPO § 714.2

Zu erreichende Punktsumme: 250 = 100% (x Multiplikator 0,64 [bei komb. Prüfung] = 160 max. Punktsumme)

FEI-Fahraufgabe – Test PE A

(bisher Para equestrian Test 4)

Zugelassen für Pferde und Ponys für Ein-, Zwei- und Vierspänner

Viereck 40 x 80 m oder 40 x 100 m – Dauer: etwa 9 Minuten

1.	A	Einfahren im Gebrauchstrab.
	X	Halten. Grüßen.
2.	X-C-M-B	Gebrauchstrab.
	B-X	Halbe Volte rechts (20 m).
	X-M	Zurück zu M im Gebrauchstrab (Kehrtwendung rechts).
3.	M-C-H-E	Gebrauchstrab.
	E-X	Halbe Volte links (20 m).
	X-H	Zurück zu H im Gebrauchstrab (Kehrtwendung links).
	H-C-M-R	Gebrauchstrab.
4.	R-X-V	Starker Trab.
	V-K-A-D	Gebrauchstrab.
5.	D	Versammelter Trab.
	D-K-D	Volte links (20 m), gefolgt von
	D-F-D	Volte rechts (20 m).
6.	D-X	Schritt.
	X	Halten, 10 Sekunden Unbeweglichkeit, dann rückwärtsrichten (3 m).
7.	X-G-C-M-R	Gebrauchstrab.
	R-B-X-E-V	Schritt.
8.	V-K-A-F-P	Gebrauchstrab.
	P-X-S	Starker Trab.
9.	S-H-C	Gebrauchstrab.
	C-A	Schlangenlinien, 5 Bögen (3 im 80-m-Viereck).
	A-D	Gebrauchstrab.
10.	D-X-G	Starker Trab.
	G	Übergang zum Halten. Grüßen.
		Im Gebrauchstrab die Bahn verlassen.

Gesamteindruck:

11. Gang
    Reinheit der Gänge, Ungebundenheit, Takt, Beibehaltung der Gangart durch alle Pferde
12. Schwung
    Gehlust, Elastizität der Bewegungen, Rückentätigkeit und Engagement der Hinterhand
13. Gehorsam und Losgelassenheit
    Willige Annahme der Hilfen, Stellung und Biegung, Durchlässigkeit, Maultätigkeit, Anlehnung und relative Aufrichtung
14. Fahrer
    Handhabung der Leinen und der Peitsche, Haltung auf dem Bock, Genauigkeit der Hufschlagfiguren
15. Präsentation
    Aufmachung und Erscheinungsbild von Fahrer und Beifahrern, Sauberkeit, Eignung, Zusammenpassen und Kondition der Pferde, des Geschirrs und des Wagens

Abzüge gemäß LPO § 714.2

Zu erreichende Punktsumme: 150 = 100% (x Multiplikator 1,067 [bei komb. Prüfung] = 160 max. Punktsumme)

3. Küraufgaben für Fahrpferde

3.1 Leitfaden Dressurprüfung der Klasse M – Kür – Richten mit einer Gesamtwertnote

Viereck 40 x 80 m bzw. 40 x 100 m – Dauer: 5½ bis 6 Minuten

A-Note (Ausführung)	
Pflichtlektionen	Bemerkungen
Schritt (mind. 60 m zusammenhängend)	
Halten (10 Sekunden)	
Rückwärtsrichten (mind. 3 m)	
Versammelter Trab	
Gebrauchstrab	
Starker Trab	
Volte rechts (15 m)	
Volte links (15 m)	
Präsentation	

Total für Ausführung: **A-Note** ______

Druck: Oktober 2017

B-Note (künstlerische Gestaltung)	
Allgemeiner Eindruck	Bemerkungen
Rhythmus, Energie und Elastizität in Grundgangarten und Tempi (Takt und Schwungentwicklung)	
Harmonie zwischen Fahrer und Pferden (Sitz und Einwirkung des Fahrers, Durchlässigkeit und Vertrauen der Pferde)	
Choreografie (Gleichmäßige Einteilung des Vierecks, klare Linienführungen, Originalität, ideenreicher Inhalt)	
Schwierigkeitsgrad (Einhalten der Anforderungen, Angemessenheit von Risiko und Leistungsvermögen, Beachten der Grundsätze der klassischen Dressur)	
Musik, Gesamteindruck (Übereinstimmung der Bewegungsabläufe und Übergänge mit der Musik, Gesamteindruck der musikalischen Darbietung und dressurmäßigen Leistung)	

Note für künstlerische Gestaltung [ ]

Abzüge von jeweils 0,5 Punkten von der Note der künstlerischen Gestaltung
- für Auslassen von Lektionen und/oder Gangarten ______
- für Über- oder Unterschreiten des jeweiligen Zeitlimits ______

Total für künstlerische Gestaltung **B-Note** [ ]

Resultat

Total für Ausführung **A-Note** ___,___

Total für künstlerische Gestaltung + **B-Note** ___,___

= ___,___

: 2 x 10 = **Endresultat:** [%]

Druck: Oktober 2017

3.2 Notenbogen Dressurprüfung der Klasse M – Kür

Viereck 40 x 80 m bzw. 40 x 100 m – Dauer: 5½ bis 6 Minuten

A-Note (Ausführung)			
Pflichtlektionen	Noten	Koeff.	Endnote
1. **Schritt** (mind. 60 m zusammenhängend)		3	
2. **Halten** (10 Sekunden)		2	
3. **Rückwärtsrichten** (mind. 3 m)		3	
4. **Versammelter Trab**			
5. **Gebrauchstrab**			
6. **Starker Trab**		2	
7. **Volte rechts** (15 m)			
8. **Volte links** (15 m)			
9. **Präsentation**			
Total für Ausführung (max. 150)	**A-Note**		

Druck: Oktober 2017

B-Note (künstlerische Gestaltung)			
Allgemeiner Eindruck	Noten	Koeff.	Endnote
10. **Rhythmus, Energie und Elastizität in Grundgangarten und Tempi** (Takt und Schwungentwicklung)		2	
11. **Harmonie zwischen Fahrer und Pferden** (Sitz und Einwirkung des Fahrers, Durchlässigkeit und Vertrauen der Pferde)		2	
12. **Choreografie** (Gleichmäßige Einteilung des Vierecks, klare Linienführungen, Originalität, ideenreicher Inhalt)		3	
13. **Schwierigkeitsgrad** (Einhalten der Anforderungen, Angemessenheit von Risiko und Leistungsvermögen, Beachten der Grundsätze der klassischen Dressur)		4	
14. **Musik, Gesamteindruck** (Übereinstimmung der Bewegungsabläufe und Übergänge mit der Musik, Gesamteindruck der musikalischen Darbietung und dressurmäßigen Leistung)		4	

Ziffern 10 bis 14 in Dezimalen erlaubt

Künstlerische Gestaltung ☐

Abzüge von jeweils 5 Punkten von der Note der künstlerischen Gestaltung
– für Auslassen von Lektionen und/oder Gangarten ______
– für Über- oder Unterschreiten des jeweiligen Zeitlimits ______

Total für künstlerische Gestaltung (max. 150) **B-Note** ☐

Resultat

Total für Ausführung	**: 15**		**A-Note**	____,____
Total für künstlerische Gestaltung	**: 15**	+	**B-Note**	____,____
		=		____,____
	: 2 x 10	=	**Endresultat:**	%

3.3 Leitfaden Dressurprüfung der Klasse S – Kür – Richten mit einer Gesamtwertnote

Viereck 40 x 80 m bzw. 40 x 100 m – Dauer: 5½ bis 6 Minuten

A-Note (Ausführung)	
Pflichtlektionen	Bemerkungen
Schritt (mind. 60 m, höchstens durch Kehrtwendung unterbrochen)	
Halten (10 Sekunden)	
Rückwärtsrichten (mind. 3 m)	
Versammelter Trab	
Gebrauchstrab inkl. beliebiger Schlangenlinie	
Starker Trab	
Volte (20 m), mit einer Hand, rechts oder links	
Volte rechts/links (15 m), gefolgt von Volte links/rechts (15 m)	
Präsentation	

Total für Ausführung:	**A-Note**	

B-Note (künstlerische Gestaltung)	
Allgemeiner Eindruck	Bemerkungen
Rhythmus, Energie und Elastizität in Grundgangarten und Tempi (Takt und Schwungentwicklung)	
Harmonie zwischen Fahrer und Pferden (Sitz und Einwirkung des Fahrers, Durchlässigkeit und Vertrauen der Pferde)	
Choreografie (Gleichmäßige Einteilung des Vierecks, klare Linienführungen, Originalität, ideenreicher Inhalt)	
Schwierigkeitsgrad (Einhalten der Anforderungen, Angemessenheit von Risiko und Leistungsvermögen, Beachten der Grundsätze der klassischen Dressur)	
Musik, Gesamteindruck (Übereinstimmung der Bewegungsabläufe und Übergänge mit der Musik, Gesamteindruck der musikalischen Darbietung und dressurmäßigen Leistung)	

Note für künstlerische Gestaltung ☐

Abzüge von jeweils 0,5 Punkten von der Note der künstlerischen Gestaltung
– für Auslassen von Lektionen und/oder Gangarten ______
– für Über- oder Unterschreiten des jeweiligen Zeitlimits ______

Total für künstlerische Gestaltung **B-Note** ☐

Resultat

Total für Ausführung **A-Note** ____,____

Total für künstlerische Gestaltung + **B-Note** ____,____

= ____,____

: 2 x 10 = **Endresultat:** ☐ %

Druck: Oktober 2017

3.4 Notenbogen Dressurprüfung der Klasse S – Kür

Viereck 40 x 80 m bzw. 40 x 100 m – Dauer: 5 ½ bis 6 Minuten

A-Note (Ausführung)			
Pflichtlektionen	Noten	Koeff.	Endnote
1. **Schritt** (mind. 60 m, höchstens durch Kehrtwendung unterbrochen)		3	
2. **Halten** (10 Sekunden)			
3. **Rückwärtsrichten** (mind. 3 m)		4	
4. **Versammelter Trab**			
5. **Gebrauchstrab** inkl. beliebiger Schlangenlinie			
6. **Starker Trab**		2	
7. **Volte** (20 m), mit einer Hand, rechts oder links			
8. **Volte** rechts/links (15 m), gefolgt von Volte links/rechts (15 m)		2	
9. **Präsentation**			
Total für Ausführung (max. 160)	**A-Note**		

Druck: Oktober 2017

B-Note (künstlerische Gestaltung)			
Allgemeiner Eindruck	Noten	Koeff.	Endnote
10. **Rhythmus, Energie und Elastizität in Grundgangarten und Tempi** (Takt und Schwungentwicklung)		2	
11. **Harmonie zwischen Fahrer und Pferden** (Sitz und Einwirkung des Fahrers, Durchlässigkeit und Vertrauen der Pferde)		2	
12. **Choreografie** (Gleichmäßige Einteilung des Vierecks, klare Linienführungen, Originalität, ideenreicher Inhalt)		4	
13. **Schwierigkeitsgrad** (Einhalten der Anforderungen, Angemessenheit von Risiko und Leistungsvermögen, Beachten der Grundsätze der klassischen Dressur)		4	
14. **Musik, Gesamteindruck** (Übereinstimmung der Bewegungsabläufe und Übergänge mit der Musik, Gesamteindruck der musikalischen Darbietung und dressurmäßigen Leistung)		4	

Ziffern 10 bis 14 in Dezimalen erlaubt

Künstlerische Gestaltung ______

Abzüge von jeweils 5 Punkten von der Note der künstlerischen Gestaltung
– für Auslassen von Lektionen und/oder Gangarten, ______
– für Über- oder Unterschreiten des jeweiligen Zeitlimits ______

Total für künstlerische Gestaltung (max. 160) **B-Note** ______

Resultat

Total für Ausführung	**: 16**		**A-Note**	___,___
Total für künstlerische Gestaltung	**: 16**	+	**B-Note**	___,___
		=		___,___
	: 2 x 10	=	**Endresultat:**	%

Druck: Oktober 2017

4. Vielseitigkeits- und kombinierte Prüfungen für Fahrpferde

Vielseitigkeitsprüfungen bzw. kombinierte Prüfungen für Fahrpferde/-ponys setzen sich aus mindestens zwei, in der Regel drei Teilprüfungen zusammen, die in einer Wertung zusammengefasst werden.

4.1 Dressurprüfung

Bewertung

Die Bewertung der Dressurprüfung im Rahmen einer kombinierten bzw. Vielseitigkeits-LP erfolgt gemäß den Vorschriften der LPO.

4.2 Geländefahren

Die Länge der Teilstrecke/n, Geschwindigkeiten sowie die Hindernisanforderungen sind für die Klassen E bis S in der LPO festgelegt.
Die **Bewertung** gemäß LPO erfolgt in Strafpunkten.
Die **Platzierung** ergibt sich aus der Addition der Strafpunkte.

Hilfsrichter

- als Hindernisrichter:
  Dieser ist für alle Vorkommnisse innerhalb seines Hindernisses zuständig, hält die gebrauchten Zeiten zwischen Ein- und Ausfahrt fest und notiert die Regelverstöße der Teilnehmer. Er ist auch für evtl. Zeitvergütung an seinem Hindernis zuständig.
- als Streckenrichter:
  Dieser kontrolliert die Regeleinhaltung auf dem ihm zugeteilten Streckenabschnitt.

4.3 Hindernisfahren

Als dritte Teilprüfung einer kombinierten bzw. Vielseitigkeitsleistungsprüfung, in der Regel zuletzt, wird das Hindernisfahren (mit oder ohne Stechen bzw. Siegerrunde, je nach Ausschreibung, wobei nur der Umlauf für die Vielseitigkeits-/kombinierte Prüfung zählt) durchgeführt.
Länge des Parcours, Anzahl der Hindernisse, Hindernisbreiten etc. sind in der LPO festgelegt.
Bei Vielseitigkeits- und kombinierten Prüfungen mit Gelände-

 Druck: Oktober 2017

prüfungen ist eine Verfassungsprüfung gemäß LPO vor dem Hindernisfahren verbindlich vorgeschrieben, sofern dieses die letzte Prüfung ist.

Bewertung
Strafpunkte werden z.B. vergeben für das Abwerfen eines Balles, Umwerfen eines Kegels oder eines Teiles eines Mehrfachhindernisses, Ungehorsam und Zeitüberschreitung etc.
Die **Platzierung** wird durch Zusammenzählen aller Strafpunkte ermittelt. Bei Punktgleichheit werden die Teilnehmer nach der Zeit platziert, die sie für die Absolvierung ihres Parcours gebraucht haben.

Die **Platzierung der kombinierten bzw. Vielseitigkeits-LP** ergibt sich aus der Addition der Strafpunkte aus allen Teilprüfungen.
Sieger ist der Teilnehmer mit der geringsten Strafpunktsumme. Bei Punktgleichheit entscheidet die bessere Leistung in der Geländeprüfung. Besteht auch dort Punktgleichheit, entscheidet die bessere Leistung in der Dressur. Besteht auch hier Punktgleichheit, erfolgt gleiche Platzierung.

Druck: Oktober 2017

5. Umrechnungstabellen für nationale und internationale Dressurprüfungen

		Kür-Notenb. Kl. M, Test PE A			Kür-Notenb. Kl. S			FM 1-3,7, FS 1,2, 1*+2* A,3* A HP1,2,4			Ch P1, J und YD, 1* B		
WN	%	Punkte	3 Richter	5 Richter	Punkte	3 Richter	5 Richter	Punkte	3 Richter	5 Richter	Punkte	3 Richter	5 Richter
10,0	100,00	150	450	750	160	480	800	200	600	1000	230	690	1150
9,9	99,00	149	447	745	158	475	792	198	594	990	228	684	1140
9,8	98,00	147	441	735	157	470	784	196	588	980	225	675	1125
9,7	97,00	146	438	730	155	466	776	194	582	970	223	669	1115
9,6	96,00	144	432	720	154	461	768	192	576	960	221	663	1105
9,5	95,00	143	429	715	152	456	760	190	570	950	219	657	1095
9,4	94,00	141	423	705	150	451	752	188	564	940	216	648	1080
9,3	93,00	140	420	700	149	446	744	186	558	930	214	642	1070
9,2	92,00	138	414	690	147	442	736	184	552	920	212	636	1060
9,1	91,00	137	411	685	146	437	728	182	546	910	209	627	1045
9,0	90,00	135	405	675	144	432	720	180	540	900	207	621	1035
8,9	89,00	134	402	670	142	427	712	178	534	890	205	615	1025
8,8	88,00	132	396	660	141	422	704	176	528	880	202	606	1010
8,7	87,00	131	393	655	139	418	696	174	522	870	200	600	1000
8,6	86,00	129	387	645	138	413	688	172	516	860	198	594	990
8,5	85,00	128	384	640	136	408	680	170	510	850	196	588	980
8,4	84,00	126	378	630	134	403	672	168	504	840	193	579	965
8,3	83,00	125	375	625	133	398	664	166	498	830	191	573	955
8,2	82,00	123	369	615	131	394	656	164	492	820	189	567	945
8,1	81,00	122	366	610	130	389	648	162	486	810	186	558	930
8,0	80,00	120	360	600	128	384	640	160	480	800	184	552	920
7,9	79,00	119	357	595	126	379	632	158	474	790	182	546	910
7,8	78,00	117	351	585	125	374	624	156	468	780	179	537	895
7,7	77,00	116	348	580	123	370	616	154	462	770	177	531	885
7,6	76,00	114	342	570	122	365	608	152	456	760	175	525	875
7,5	75,00	113	339	565	120	360	600	150	450	750	173	519	865
7,4	74,00	111	333	555	118	355	592	148	444	740	170	510	850
7,3	73,00	110	330	550	117	350	584	146	438	730	168	504	840
7,2	72,00	108	324	540	115	346	576	144	432	720	166	498	830
7,1	71,00	107	321	535	114	341	568	142	426	710	163	489	815

Druck: Oktober 2017

		Kür-Notenb. Kl. M, Test PE A			Kür-Notenb. Kl. S			FM 1-3,7, FS 1,2, 1*+2* A,3* A HP1,2,4			Ch P1, J und YD, 1* B		
WN	%	Punkte	3 Richter	5 Richter	Punkte	3 Richter	5 Richter	Punkte	3 Richter	5 Richter	Punkte	3 Richter	5 Richter
7,0	70,00	105	315	525	112	336	560	140	420	700	161	483	805
6,9	69,00	104	312	520	110	331	552	138	414	690	159	477	795
6,8	68,00	102	306	510	109	326	544	136	408	680	156	468	780
6,7	67,00	101	303	505	107	322	536	134	402	670	154	462	770
6,6	66,00	99	297	495	106	317	528	132	396	660	152	456	760
6,5	65,00	98	294	490	104	312	520	130	390	650	150	450	750
6,4	64,00	96	288	480	102	307	512	128	384	640	147	441	735
6,3	63,00	95	285	475	101	302	504	126	378	630	145	435	725
6,2	62,00	93	279	465	99	298	496	124	372	620	143	429	715
6,1	61,00	92	276	460	98	293	488	122	366	610	140	420	700
6,0	60,00	90	270	450	96	288	480	120	360	600	138	414	690
5,9	59,00	89	267	445	94	283	472	118	354	590	136	408	680
5,8	58,00	87	261	435	93	278	464	116	348	580	133	399	665
5,7	57,00	86	258	430	91	274	456	114	342	570	131	393	655
5,6	56,00	84	252	420	90	269	448	112	336	560	129	387	645
5,5	55,00	83	249	415	88	264	440	110	330	550	127	381	635
5,4	54,00	81	243	405	86	259	432	108	324	540	124	372	620
5,3	53,00	80	240	400	85	254	424	106	318	530	122	366	610
5,2	52,00	78	234	390	83	250	416	104	312	520	120	360	600
5,1	51,00	77	231	385	82	245	408	102	306	510	117	351	585
5,0	50,00	75	225	375	80	240	400	100	300	500	115	345	575
4,9	49,00	74	222	370	78	235	392	98	294	490	113	339	565
4,8	48,00	72	216	360	77	230	384	96	288	480	110	330	550
4,7	47,00	71	213	355	75	226	376	94	282	470	108	324	540
4,6	46,00	69	207	345	74	221	368	92	276	460	106	318	530
4,5	45,00	68	204	340	72	216	360	90	270	450	104	312	520
4,4	44,00	66	198	330	70	211	352	88	264	440	101	303	505
4,3	43,00	65	195	325	69	206	344	86	258	430	99	297	495
4,2	42,00	63	189	315	67	202	336	84	252	420	97	291	485
4,1	41,00	62	186	310	66	197	328	82	246	410	94	282	470
4,0	40,00	60	180	300	64	192	320	80	240	400	92	276	460

Druck: Oktober 2017

		Nationale und internationale Dressurprüfungen									6. Note aus der Gebrauchsprüfung für die Wertung in der komb. Prfg.	
		FM 4-6, FS 3-4, 2*C, 3*C HP1,2,4, 3*D P4			2*B, 3*B HP2+4			3*B HP1				
WN	%	Punkte	3 Richter	5 Richter	Punkte	3 Richter	5 Richter	Punkte	3 Richter	5 Richter	Strafpunkte Kl. A	Strafpunkte Kl. M/S
10,0	100,00	250	750	1250	270	810	1350	300	900	1500	0,0	0,0
9,9	99,00	248	744	1240	267	801	1335	297	891	1485	1,2	1,6
9,8	98,00	245	735	1225	265	795	1325	294	882	1470	2,4	3,2
9,7	97,00	243	729	1215	262	786	1310	291	873	1455	3,6	4,8
9,6	96,00	240	720	1200	259	777	1295	288	864	1440	4,8	6,4
9,5	95,00	238	714	1190	257	771	1285	285	855	1425	6,0	8,0
9,4	94,00	235	705	1175	254	762	1270	282	846	1410	7,2	9,6
9,3	93,00	233	699	1165	251	753	1255	279	837	1395	8,4	11,2
9,2	92,00	230	690	1150	248	744	1240	276	828	1380	9,6	12,8
9,1	91,00	228	684	1140	246	738	1230	273	819	1365	10,8	14,4
9,0	90,00	225	675	1125	243	729	1215	270	810	1350	12,0	16,0
8,9	89,00	223	669	1115	240	720	1200	267	801	1335	13,2	17,6
8,8	88,00	220	660	1100	238	714	1190	264	792	1320	14,4	19,2
8,7	87,00	218	654	1090	235	705	1175	261	783	1305	15,6	20,8
8,6	86,00	215	645	1075	232	696	1160	258	774	1290	16,8	22,4
8,5	85,00	213	639	1065	230	690	1150	255	765	1275	18,0	24,0
8,4	84,00	210	630	1050	227	681	1135	252	756	1260	19,2	25,6
8,3	83,00	208	624	1040	224	672	1120	249	747	1245	20,4	27,2
8,2	82,00	205	615	1025	221	663	1105	246	738	1230	21,6	28,8
8,1	81,00	203	609	1015	219	657	1095	243	729	1215	22,8	30,4
8,0	80,00	200	600	1000	216	648	1080	240	720	1200	24,0	32,0
7,9	79,00	198	594	990	213	639	1065	237	711	1185	25,2	33,6
7,8	78,00	195	585	975	211	633	1055	234	702	1170	26,4	35,2
7,7	77,00	193	579	965	208	624	1040	231	693	1155	27,6	36,8
7,6	76,00	190	570	950	205	615	1025	228	684	1140	28,8	38,4
7,5	75,00	188	564	940	203	609	1015	225	675	1125	30,0	40,0
7,4	74,00	185	555	925	200	600	1000	222	666	1110	31,2	41,6
7,3	73,00	183	549	915	197	591	985	219	657	1095	32,4	43,2
7,2	72,00	180	540	900	194	582	970	216	648	1080	33,6	44,8
7,1	71,00	178	534	890	192	576	960	213	639	1065	34,8	46,4

Druck: Oktober 2017

		FM 4-6, FS 3-4, 2*C, 3*C HP1,2,4, 3*D P4			2*B, 3*B HP2+4			3*B HP1				
WN	%	Punkte	3 Richter	5 Richter	Punkte	3 Richter	5 Richter	Punkte	3 Richter	5 Richter	Strafpunkte Kl. A	Strafpunkte Kl. M/S
7,0	70,00	175	525	875	189	567	945	210	630	1050	36,0	48,0
6,9	69,00	173	519	865	186	558	930	207	621	1035	37,2	49,6
6,8	68,00	170	510	850	184	522	920	204	612	1020	38,4	51,2
6,7	67,00	168	504	840	181	543	905	201	603	1005	39,6	52,8
6,6	66,00	165	495	825	178	534	890	198	594	990	40,8	54,4
6,5	65,00	163	489	815	176	528	880	195	585	975	42,0	56,0
6,4	64,00	160	480	800	173	519	865	192	576	960	43,2	57,6
6,3	63,00	158	474	790	170	510	850	189	567	945	44,4	59,2
6,2	62,00	155	465	775	167	501	835	186	558	930	45,6	60,8
6,1	61,00	153	459	765	165	495	825	183	549	915	46,8	62,4
6,0	60,00	150	450	750	162	486	810	180	540	900	48,0	64,0
5,9	59,00	148	444	740	159	477	795	177	531	885	49,2	65,6
5,8	58,00	145	435	725	157	471	785	174	522	870	50,4	67,2
5,7	57,00	143	429	715	154	462	770	171	513	855	51,6	68,8
5,6	56,00	140	420	700	151	453	755	168	504	840	52,8	70,4
5,5	55,00	138	414	690	149	447	745	165	495	825	54,0	72,0
5,4	54,00	135	405	675	146	438	730	162	486	810	55,2	73,6
5,3	53,00	133	399	665	143	429	715	159	477	795	56,4	75,2
5,2	52,00	130	390	650	140	420	700	156	468	780	57,6	76,8
5,1	51,00	128	384	640	138	414	690	153	459	765	58,8	78,4
5,0	50,00	125	375	625	135	405	675	150	450	750	60,0	80,0
4,9	49,00	123	369	615	132	396	660	147	441	735	61,2	81,6
4,8	48,00	120	360	600	130	390	650	144	432	720	62,4	83,2
4,7	47,00	118	354	590	127	381	635	141	423	705	63,6	84,8
4,6	46,00	115	345	575	124	372	620	138	414	690	64,8	86,4
4,5	45,00	113	339	565	122	366	610	135	405	675	66,0	88,0
4,4	44,00	110	330	550	119	357	595	132	396	660	67,2	89,6
4,3	43,00	108	324	540	116	348	580	129	387	645	68,4	91,2
4,2	42,00	105	315	525	113	339	565	126	378	630	69,6	92,8
4,1	41,00	103	309	515	111	333	555	123	369	615	70,8	94,4
4,0	40,00	100	300	500	108	324	540	120	360	600	72,0	96,0

V. Anhang

1. Gespannkontrolle für Fahrpferde

		zu richtende Punkte	Noten 0 bis 10
1.	Fahrer, Beifahrer und Passagiere	Haltung, Anzug, Hut, Handschuhe, Peitschenhaltung, Behandlung der Pferde	....
2.	Pferde	Kondition, Herausbringen, Zusammenpassen, Sauberkeit, Beschlag	....
3.	Geschirr	Zustand, Passen, Sauberkeit	....
4.	Wagen	Zustand, Sauberkeit, Höhe der Deichsel	....
5.	Gesamt-eindruck	Gesamtes Herausbringen	....
		Summe	

____

Unterschrift des Richters

Druck: Oktober 2017

2. Richterkarten

2.1 Bordkarte für Gespanne

Bordkarte für Gespann Nr.

Kopf-Nr.
Pferde

Phase	Uhrzeit	Verspätung	Unterschrift Fahrer/Beifahrer
Start Wegestrecke			
Ziel Wegestrecke			
Gebrauchte Zeit			
Start Schrittstrecke			
Ziel Schrittstrecke			
Gebrauchte Zeit			
Start Hindernisstrecke			
Ziel Hindernisstrecke			
Gebrauchte Zeit			

- ☐ **Gelöste Stränge, Aufhalter, ausgehängte Deichsel im Ziel Hindernisstrecke**
- ☐ **Absteigen 1/2 Beifahrer bei nicht stehendem Fahrzeug**
- ☐ **Absteigen Fahrer bei nicht stehendem Fahrzeug**
- ☐ **Schlangenlinien, Volten etc.**
- ☐ **Gebrochene Deichsel**
- ☐ **Weitere Vorkommnisse**

Gangartfehler nach letztem Hindernis

Richter Ziel Hindernisstrecke

2.2 Hindernisrichter-Karte für Hindernisse beim Gelände- und Streckenfahren
(5 Teilnehmer pro Hindernis)

Hindernisrichter-Karte

Hindernis-Nr.

	Gespann-Nr.						
	Gefahrene Buchstabenfolge						
	Gebrauchte Zeit in Sekunden mit Hundertstel						
1	Beim Einfahren in ein Hindernis müssen alle Beifahrer auf dem Wagen sein	10					
2	Abwerfen eines abwerfbaren Hindernisteiles je Ereignis (Anzahl)	2					
3	Verhindern des Abwerfens durch Manipulation des Fahrers oder Beifahrers	10					
4	Verlassen des Wagens 1 oder 2 Beifahrer, (beide Füße am Boden) – je Vorkommnis	5					
5	Verlassen des Wagens durch den Fahrer (beide Füße am Boden)	20					
6	Umkippen des Wagens (schließt 4 + 5 ein)	EL					
7	Verfahren	EL					
8	Korrigiertes Verfahren	20					
9	Bedienen der Leine/Bremse, Peitsche durch Beifahrer	20					
10	Durchfahren von Hindernisteilen ohne Passieren der Einfahrtsflaggen/-schilder/Pflichttore	EL					
11	Verlassen des Hindernisses durch die Ausfahrtsflaggen/-schilder/Pflichttore vor Durchfahren aller Hindernisteile	EL					
12	Auslassen eines Hindernisses oder Pflichttores ohne Korrektur	EL					
13	Überschreiten der Höchstzeit (5 Min.)	EL					
14	Durchfahren der Hindernisse in falscher Reihenfolge	EL					
15	Ausspannen und Führen durch einen Teil des Hindernisses	EL					
16	Fremde Hilfe im Hindernis durch Dritte	EL					
17	Kein Anhalten, wenn Stangenpferd über Deichsel, Vorwaage oder Vorderstrang	EL					
18	Kein Anhalten, wenn Pferd über Strang	30					
19	Klettern über Pferd oder Deichsel	20					

Für evtl. Bemerkungen bitte die Rückseite verwenden.

Unterschrift des Hindernisrichters

Bestell-Nr. 6434 – Stand: 1.1.2014

Hindernisrichter-Karte für Hindernisse beim Gelände- und Streckenfahren
(1 Teilnehmer pro Hindernis)

Hindernisrichter-Karte

Hindernis-Nr. ____

	Gespann-Nr.			
	Gefahrene Buchstabenfolge			
	Gebrauchte Zeit in Sekunden mit Hundertstel		Bemerkungen	
1	Beim Einfahren in ein Hindernis müssen alle Beifahrer auf dem Wagen sein	10		
2	Abwerfen eines abwerfbaren Hindernisteiles je Ereignis (Anzahl)	2		
3	Verhindern des Abwerfens durch Manipulation des Fahrers oder Beifahrers	10		
4	Verlassen des Wagens 1 oder 2 Beifahrer, (beide Füße am Boden) – je Vorkommnis	5		
5	Verlassen des Wagens durch den Fahrer (beide Füße am Boden)	20		
6	Umkippen des Wagens (schließt 4 + 5 ein)	EL		
7	Verfahren	EL		
8	Korrigiertes Verfahren	20		
9	Bedienen der Leine/Bremse, Peitsche durch Beifahrer	20		
10	Durchfahren von Hindernisteilen ohne Passieren der Einfahrtsflaggen/-schilder/ Pflichttore	EL		
11	Verlassen des Hindernisses durch die Ausfahrtsflaggen/-schilder/Pflichttore vor Durchfahren aller Hindernisteile	EL		
12	Auslassen eines Hindernisses oder Pflichttores ohne Korrektur	EL		
13	Überschreiten der Höchstzeit (5 Min.)	EL		
14	Durchfahren der Hindernisse in falscher Reihenfolge	EL		
15	Ausspannen und Führen durch einen Teil des Hindernisses	EL		
16	Fremde Hilfe im Hindernis durch Dritte	EL		
17	Kein Anhalten, wenn Stangenpferd über Deichsel, Vorwaage oder Vorderstrang	EL		
18	Kein Anhalten, wenn Pferd über Strang	30		
19	Klettern über Pferd oder Deichsel	20		

Für evtl. Bemerkungen bitte die Rückseite verwenden.

Unterschrift des Hindernisrichters

Druck: Oktober 2017

3. Dressuraufgabe für Fahrabzeichen 4 (FA 4) mit integriertem Hindernisparcours

Viereck 40 x 80 m – Dauer: etwa 8 Minuten

A-X	Einfahren im Gebrauchstrab.
X	Halten. Grüßen. Im Gebrauchstrab anfahren.
C	Rechte Hand.
C-A	Gebrauchstrab.
A-C	Schlangenlinie durch die Bahn, 3 Bögen, rechts beenden.
M-X-K	Durch die ganze Bahn wechseln, dabei Tritte verlängern.
K-A-B	Gebrauchstrab.
B-E-B	Mittelzirkel (40 m).
Zwischen E und B	Leinen aus der Hand kauen lassen.
B-C-H	Gebrauchstrab.
H-X-F	Durch die ganze Bahn wechseln, dabei Tritte verlängern.
F-A-E	Gebrauchstrab.
E	Volte (30 m).
E-C	Schritt.
C	Halten. 10 Sekunden Unbeweglichkeit.
C-M	Schritt.
M-X-K-A	Gebrauchstrab.
A	Start Hindernisparcours.
	Nach Beendigung des Hindernisparcours vor den Richtern halten und grüßen.

Parcours für Fahrabzeichen 4 (FA 4)

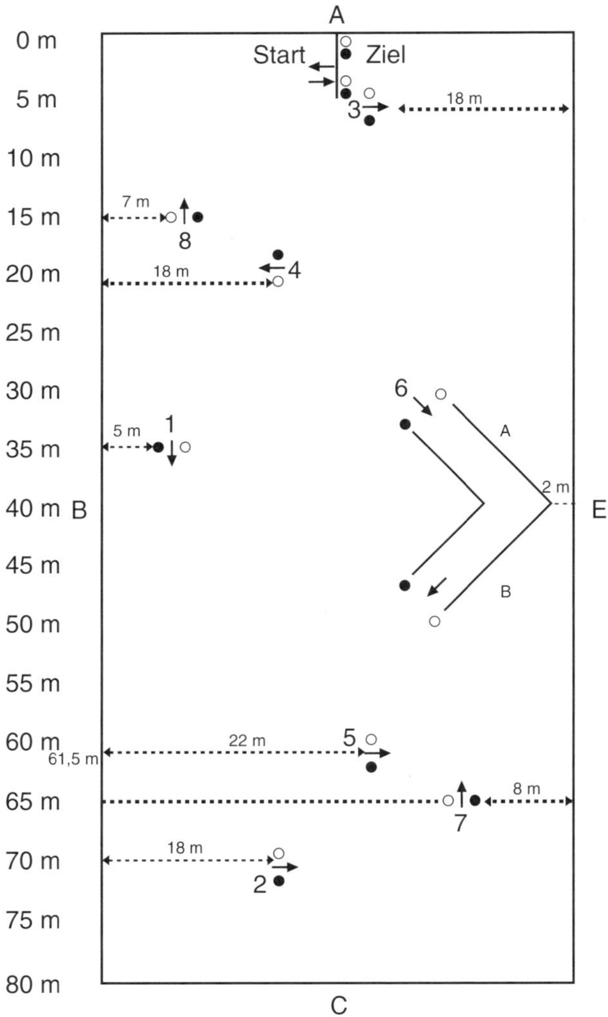

Einzelhindernis Spurbreite + 30 cm
Mehrfachhindernis gem. Tabelle

Druck: Oktober 2017

4. Stilhindernisfahren

Im Stilhindernisfahren mit Standardanforderungen wird geprüft, ob sich der Fahrer in der Ausbildung zum Hindernisfahren auf dem richtigen Weg befindet.

Bewertet werden Hilfengebung und Einwirkung, Handhabung der Leinen und Peitsche sowie die Haltung auf dem Bock, die harmonische Erfüllung der gestellten Aufgaben und der Gesamteindruck mit einer Wertnote (gem. § 736 LPO).

Das im Training korrekt auf die Anforderung der Prüfung vorbereitete Gespann wird dem Fahrer die Erfüllung der Anforderungen in der Prüfung erleichtern und die Bewertung positiv beeinflussen.

Während des gesamten Parcours werden das den gestellten Anforderungen angepasste Grundtempo sowie die Erhaltung von Losgelassenheit, Anlehnung und Schwung bewertet.

Das Gefahrensein des Gespannes findet in der Bewertung der Einwirkung des Fahrers seinen Niederschlag. Herausgebrachtsein von Pferd/Pony und Fahrer, korrekter Anzug, korrekte Anspannung bis hin zur korrekten Grußaufstellung fließen in die Bewertung mit ein. Die Bewertung dieser Kriterien in einer Wertnote beginnt mit dem Einfahren des Teilnehmers in den Parcours und endet mit dem Ausfahren aus dem Parcours.

4.1 Stilhindernisfahrparcours der Klassen A, M und S

Stilhindernisfahrparcours
Standardanforderungen Klasse A für Sonderprüfungen

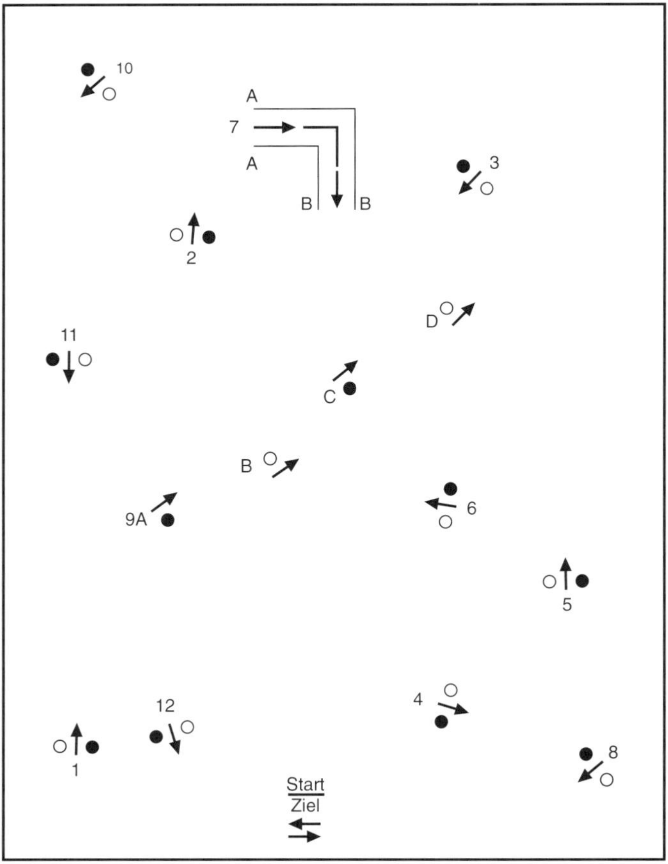

Maße: Einzelhindernis Spurbreite + 30 cm
Mehrfachhindernisse gem. Tabellen

 Druck: Oktober 2017

Stilhindernisfahrparcours
Standardanforderungen Klasse M für Sonderprüfungen

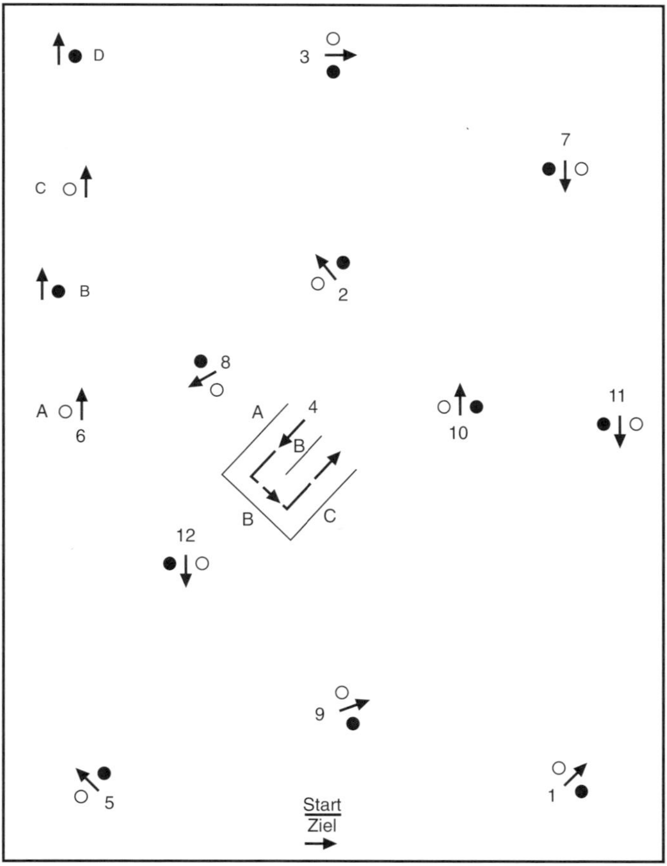

Maße: Einzelhindernis für Ein- und Zweispänner
Spurbreite + 30 cm, bei Vierspänner + 40 cm
Mehrfachhindernisse gem. Tabellen

Stilhindernisfahrparcours
Standardanforderungen Klasse S für Sonderprüfungen

Maße: Einzelhindernis für Ein- und Zweispänner
Spurbreite + 30 cm, bei Vierspänner + 40 cm
Mehrfachhindernisse gem. Tabellen

5. Volten und Mehrfachhindernisse gem. § 723.3 LPO (Mindestmaße)

5.1 Volten

	Klasse	Durchmesser (vgl. Skizze)
Ein- und Zweispänner Ponys	A M S	16,00 m 14,00 m 13,00 m
Ein- und Zweispänner Pferde	A M S	17,00 m 15,00 m 13,00 m
Vierspänner Pferde und Tandem Pferde und Ponys	A M S	21,00 m 19,00 m 17,00 m
Vierspänner Ponys	A M S	19,00 m 18,00 m 17,00 m

Maße am inneren Kegelrand einstellen (siehe Skizze)!

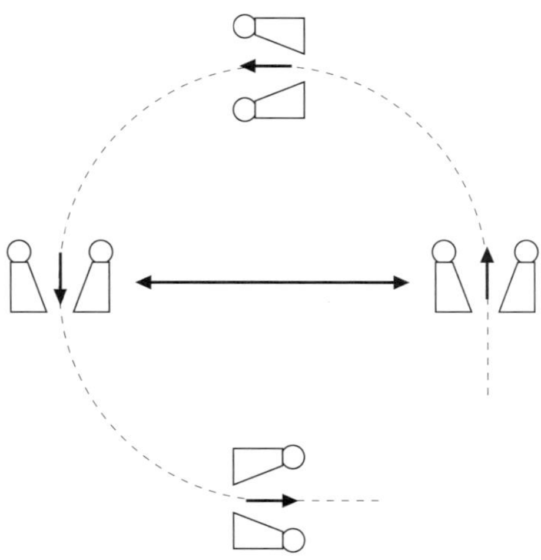

5.2 Zulässige Mehrfachhindernisse

Alle vorgegebenen Maße sind Mindestmaße. Sie können um bis zu 50 cm erweitert werden, sofern keine variablen Maße angegeben sind.
Der durch das Mehrfachhindernis **vorgegebene Weg muss** vom gesamten Gespann eingehalten werden. Dabei muss die korrekte Reihenfolge der jeweils vorhandenen Buchstaben durchfahren werden.
Bei **Missachtung** gelten § 731 und 732 LPO.

a) Eckenhindernis (Klasse E bis S) oder L

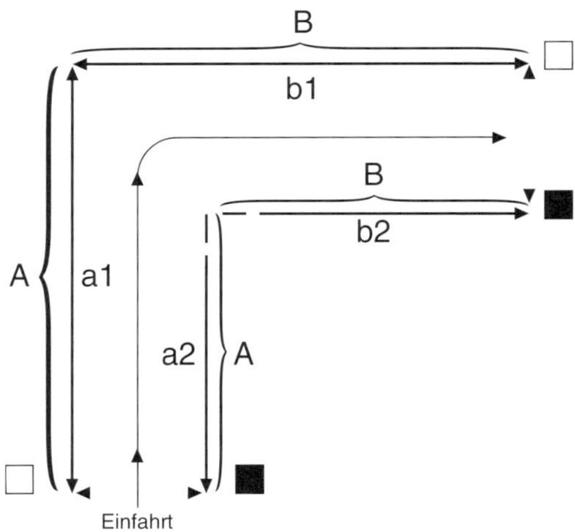

	Einspänner		Zweispänner		Vierspänner	
	Ponys	Pferde	Ponys	Pferde	Ponys	Pferde
Einfahrt	2,50 m	3,00 m	2,50 m	3,00 m	3,00 m	4,00 m
Ausfahrt	3,00 m	3,00 m	3,00 m	3,00 m	3,00 m	4,00 m
a1	9,00 m	9,00 m	9,00 m	9,00 m	9,00 m	12,00 m
a2	6,00 m	6,00 m	6,00 m	6,00 m	6,00 m	8,00 m
b1	9,00 m	9,00 m	9,00 m	9,00 m	9,00 m	12,00 m
b2	6,00 m	6,00 m	6,00 m	6,00 m	6,00 m	8,00 m

Die Maße für Vierspänner Pferde gelten auch für Tandem Pferde!
Die Maße für Vierspänner Ponys gelten auch für Tandem Ponys!

 Druck: Oktober 2017

b) T-Hindernis (Klasse E bis S)

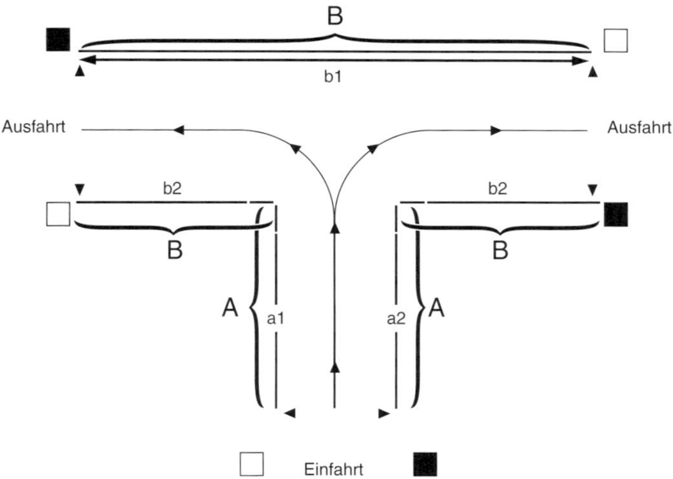

	Einspänner		Zweispänner		Vierspänner	
	Ponys	Pferde	Ponys	Pferde	Ponys	Pferde
Einfahrt	2,50 m	3,00 m	2,50 m	3,00 m	3,00 m	4,00 m
Ausfahrt	3,00 m	3,00 m	3,00 m	3,00 m	3,00 m	4,00 m
a1	6,00 m	6,00 m	6,00 m	6,00 m	6,00 m	8,00 m
a2	6,00 m	6,00 m	6,00 m	6,00 m	6,00 m	8,00 m
b1	15,00 m	15,00 m	15,00 m	15,00 m	15,00 m	20,00 m
b2	6,00 m	6,00 m	6,00 m	6,00 m	6,00 m	8,00 m

Die Maße für Vierspänner Pferde gelten auch für Tandem Pferde!
Die Maße für Vierspänner Ponys gelten auch für Tandem Ponys!

c) Schlangenlinie/Serpentine (Klasse E bis S)

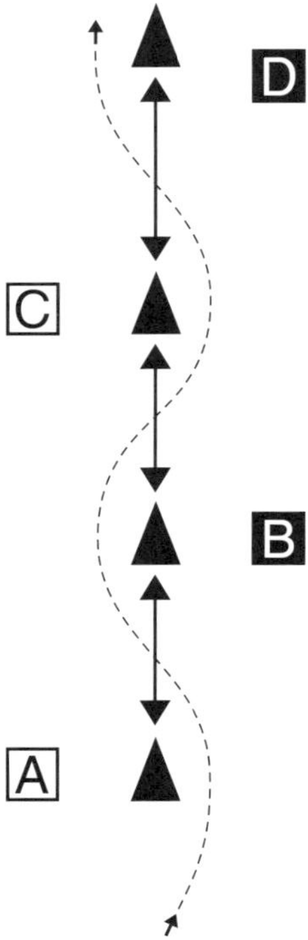

	Einspänner	Zweispänner	Vierspänner
Abstände der Kegel bei Pferdegespannen:	6,00–8,00 m	7,00–8,00 m	11,00–12,00 m
Abstände der Kegel bei Ponygespannen:	6,00–8,00 m	7,00–8,00 m	9,00–10,00 m

d) Welle (Klasse A, M, S)

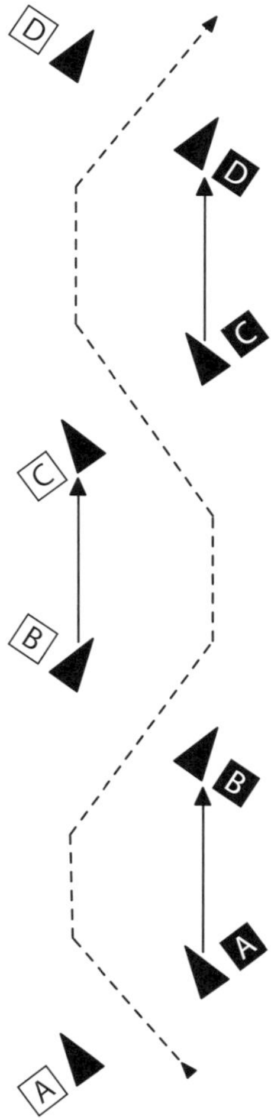

	Einspänner	Zweispänner	Vierspänner
Abstände der Kegel:	6,00–8,00 m	8,00–10,00 m	10,00–12,00 m
Stellung der Kegelpaare zur Fluchtlinie:	ca. 45°	ca. 45°	ca. 45°
Klasse A + M max. Tore A – B – C			

e) Triangel (nur Klasse M und S)

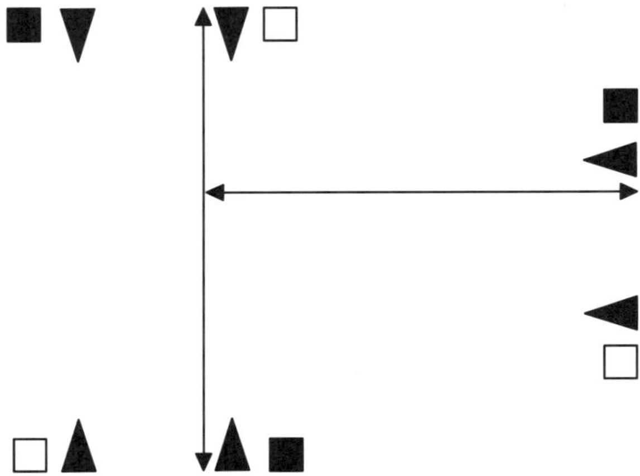

Variable Ausflaggung A – B – C

<u>Beispiel Ausflaggung</u>

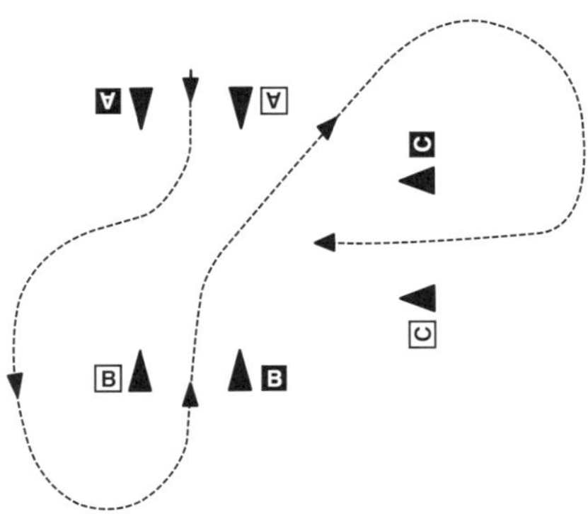

	Einspänner	Zweispänner	Vierspänner
Abstände der Kegel:	8,00 – 10,00 m	8,00 – 10,00 m	10,00 – 12,00 m

f) Doppel-L-Hindernis (Klasse M und S)

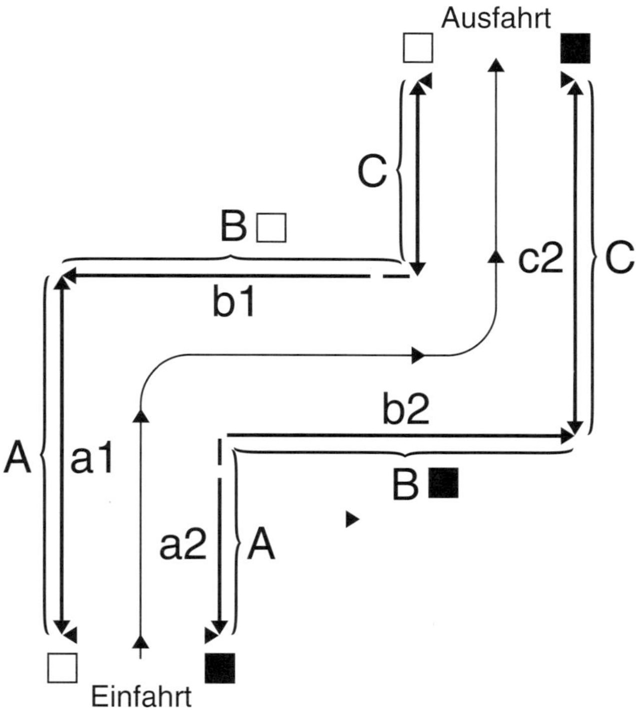

	Einspänner		Zweispänner		Vierspänner	
	Ponys	Pferde	Ponys	Pferde	Ponys	Pferde
Einfahrt	3,00 m	3,00 m	3,00 m	3,00 m	3,00 m	4,00 m
Kehren	3,50 m	4,00 m	3,50 m	4,00 m	4,00 m	5,00 m
Ausfahrt	3,50 m	4,00 m	3,50 m	4,00 m	4,00 m	5,00 m
a1	7,00 m	8,00 m	7,00 m	8,00 m	8,00 m	10,00 m
a2	3,50 m	4,00 m	3,50 m	4,00 m	4,00 m	5,00 m
b1	7,00 m	8,00 m	7,00 m	8,00 m	8,00 m	10,00 m
b2	7,50 m	9,00 m	7,50 m	9,00 m	9,00 m	11,00 m
c1	3,50 m	4,00 m	3,50 m	4,00 m	4,00 m	5,00 m
c2	7,00 m	8,00 m	7,00 m	8,00 m	8,00 m	10,00 m

Die Maße für Vierspänner Pferde gelten auch für Tandem Pferde!
Die Maße für Vierspänner Ponys gelten auch für Tandem Ponys!

Druck: Oktober 2017

g) Doppel T-Hindernis (nur Klasse M und S)

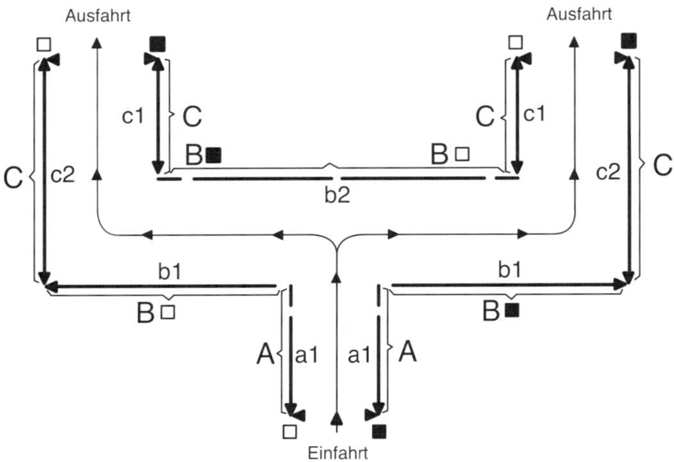

	Einspänner		Zweispänner		Vierspänner	
	Ponys	Pferde	Ponys	Pferde	Ponys	Pferde
Einfahrt	3,00 m	3,00 m	3,00 m	3,00 m	3,00 m	4,00 m
Kehre	3,50 m	4,00 m	3,50 m	4,00 m	4,00 m	5,00 m
Ausfahrt	3,50 m	4,00 m	3,50 m	4,00 m	4,00 m	5,00 m
a1	3,50 m	4,00 m	3,50 m	4,00 m	4,00 m	5,00 m
b1	7,00 m	8,00 m	7,00 m	8,00 m	8,00 m	10,00 m
b2	10,00 m	11,00 m	10,00 m	11,00 m	11,00 m	14,00 m
c1	3,50 m	4,00 m	3,50 m	4,00 m	4,00 m	5,00 m
c2	7,00 m	8,00 m	7,00 m	8,00 m	8,00 m	10,00 m

Die Maße für Vierspänner Pferde gelten auch für Tandem Pferde!
Die Maße für Vierspänner Ponys gelten auch für Tandem Ponys!

h) Sackgasse/Kehre/U-Hindernis (Klasse M und S)

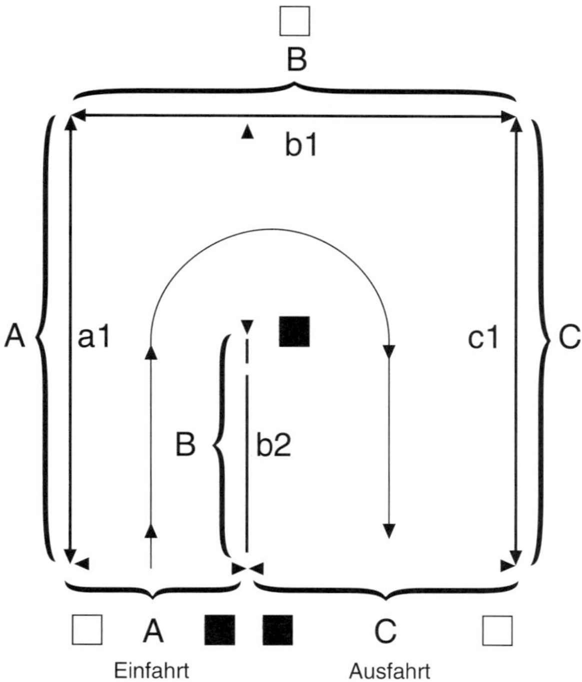

	Einspänner		Zweispänner		Vierspänner	
	Ponys	Pferde	Ponys	Pferde	Ponys	Pferde
Einfahrt	3,00 m	3,00 m	3,00 m	3,00 m	3,00 m	4,00 m
Kehren	3,50 m	4,00 m	3,50 m	4,00 m	4,00 m	5,00 m
Ausfahrt	3,50 m	4,00 m	3,50 m	4,00 m	4,00 m	5,00 m
a1	6,00 m	8,00 m	6,00 m	8,00 m	8,00 m	10,00 m
b1	6,50 m	7,00 m	6,50 m	7,00 m	7,00 m	9,00 m
b2	2,50 m	4,00 m	2,50 m	4,00 m	4,00 m	5,00 m
c1	6,00 m	8,00 m	6,00 m	8,00 m	8,00 m	10,00 m

Die Maße für Vierspänner Pferde gelten auch für Tandem Pferde!
Die Maße für Vierspänner Ponys gelten auch für Tandem Ponys!

i) Slalom/Zickzack (Klasse M und S, in Klasse M nur A-C)

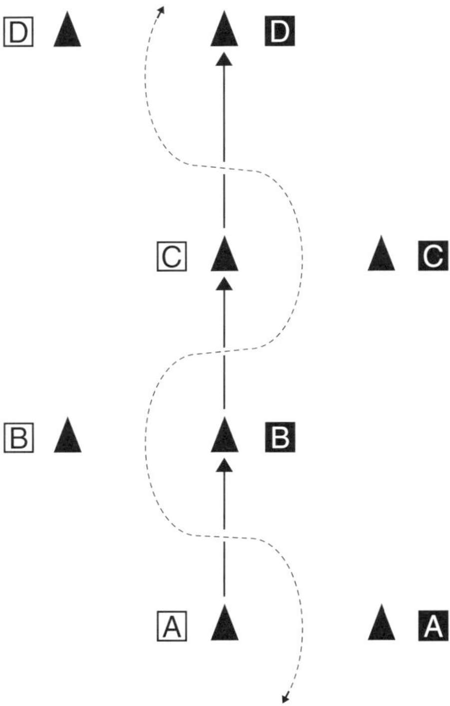

	Einspänner	Zweispänner	Vierspänner
Abstände der Kegel bei Pferdegespannen:	10,00–12,00 m	10,00–12,00 m	11,00–13,00 m
Abstände der Kegel bei Ponygespannen:	9,00–11,00 m	9,00–11,00 m	9,00–11,00 m

j) Doppel-U-Hindernis (nur Klasse S)

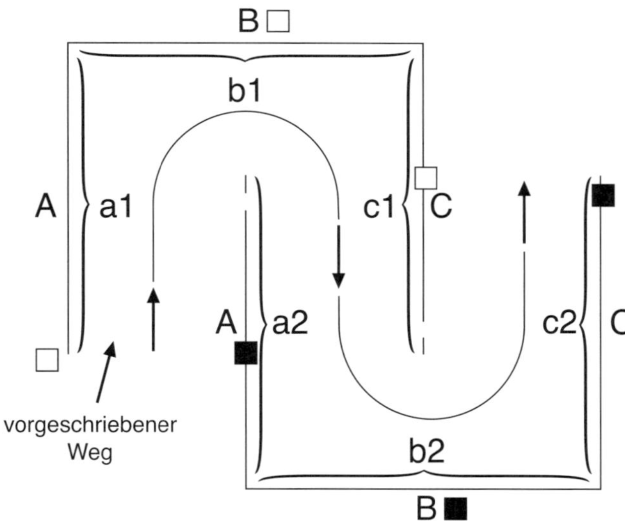

	Einspänner		Zweispänner		Vierspänner	
	Ponys	Pferde	Ponys	Pferde	Ponys	Pferde
Einfahrt	3,00 m	3,00 m	3,00 m	3,00 m	3,00 m	4,00 m
Kehren	3,50 m	4,00 m	3,50 m	4,00 m	4,00 m	5,00 m
Ausfahrt	3,50 m	4,00 m	3,50 m	4,00 m	4,00 m	5,00 m
a1	7,00 m	8,00 m	7,00 m	8,00 m	8,00 m	9,00 m
a2	7,00 m	8,00 m	7,00 m	8,00 m	8,00 m	9,00 m
b1	6,50 m	7,00 m	6,50 m	7,00 m	7,00 m	9,00 m
b2	7,00 m	8,00 m	7,00 m	8,00 m	8,00 m	10,00 m
c1	7,00 m	8,00 m	7,00 m	8,00 m	8,00 m	9,00 m
c2	7,00 m	8,00 m	7,00 m	8,00 m	8,00 m	9,00 m

Die Maße für Vierspänner Pferde gelten auch für Tandem Pferde!
Die Maße für Vierspänner Ponys gelten auch für Tandem Ponys!

k) Box-Hindernis (nur Klasse S)

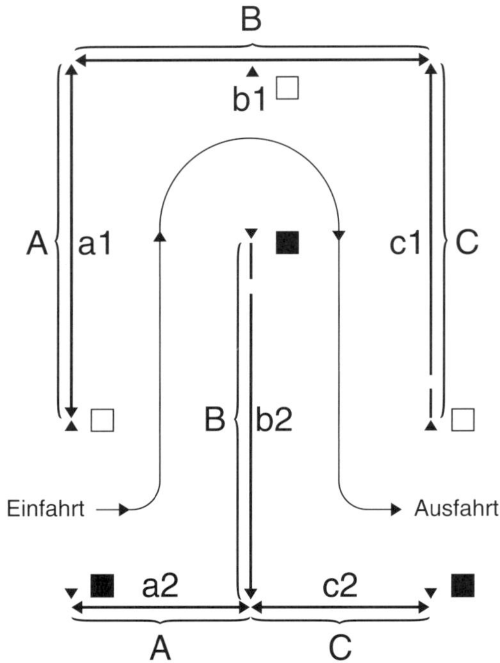

	Einspänner		Zweispänner		Vierspänner	
	Ponys	Pferde	Ponys	Pferde	Ponys	Pferde
Einfahrt	3,00 m	3,00 m	3,00 m	3,00 m	3,00 m	4,00 m
Kehren	3,50 m	4,00 m	3,50 m	4,00 m	4,00 m	5,00 m
Ausfahrt	3,50 m	4,00 m	3,50 m	4,00 m	4,00 m	5,00 m
a1	5,00 m	7,00 m	5,00 m	7,00 m	7,00 m	9,00 m
a2	3,50 m	4,00 m	3,50 m	4,00 m	4,00 m	5,00 m
b1	7,00 m	8,00 m	7,00 m	8,00 m	8,00 m	10,00 m
b2	4,50 m	6,00 m	4,50 m	6,00 m	6,00 m	8,00 m
c1	4,50 m	6,00 m	4,50 m	6,00 m	6,00 m	8,00 m
c2	3,50 m	4,00 m	3,50 m	4,00 m	4,00 m	5,00 m

Die Maße für Vierspänner Pferde gelten auch für Tandem Pferde!
Die Maße für Vierspänner Ponys gelten auch für Tandem Ponys!

l) Doppelbox (nur Klasse S)

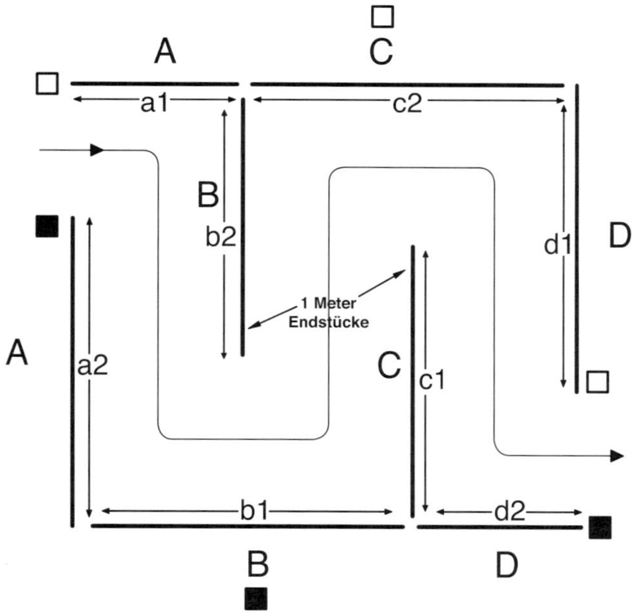

	Einspänner		Zweispänner		Vierspänner	
	Ponys	Pferde	Ponys	Pferde	Ponys	Pferde
Einfahrt	3,00 m	3,00 m	3,00 m	3,00 m	3,00 m	4,00 m
Kehren	3,50 m	4,00 m	3,50 m	4,00 m	4,00 m	5,00 m
Ausfahrt	3,50 m	4,00 m	3,50 m	4,00 m	4,00 m	5,00 m
a1	3,50 m	4,00 m	3,50 m	4,00 m	4,00 m	5,00 m
a2	5,00 m	7,00 m	5,00 m	7,00 m	7,00 m	9,00 m
b1*	7,00 m	8,00 m	7,00 m	8,00 m	8,00 m	10,00 m
b2	4,50 m	6,00 m	4,50 m	6,00 m	6,00 m	8,00 m
c1	4,50 m	6,00 m	4,50 m	6,00 m	6,00 m	8,00 m
c2**	7,00 m	8,00 m	7,00 m	8,00 m	8,00 m	10,00 m
d1	4,50 m	6,00 m	4,50 m	6,00 m	6,00 m	8,00 m
d2	3,50 m	4,00 m	3,50 m	4,00 m	4,00 m	5,00 m

* Zuzüglich Stärke von b2
** Zuzüglich Stärke von c1
Die Maße für Vierspänner Pferde gelten auch für Tandem Pferde!
Die Maße für Vierspänner Ponys gelten auch für Tandem Ponys!

Druck: Oktober 2017

Dressurviereck 40 x 80 m

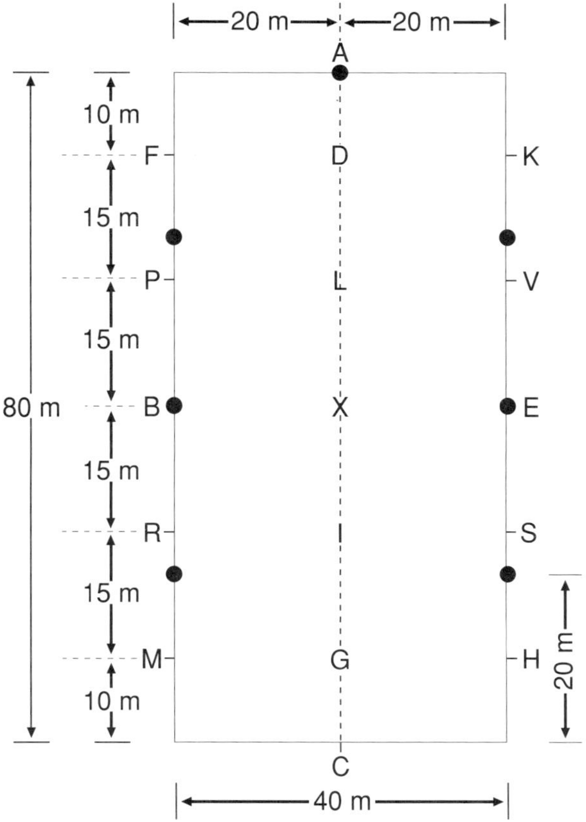

● Zirkelpunkte

Druck: Oktober 2017

Dressurviereck 40 x100 m

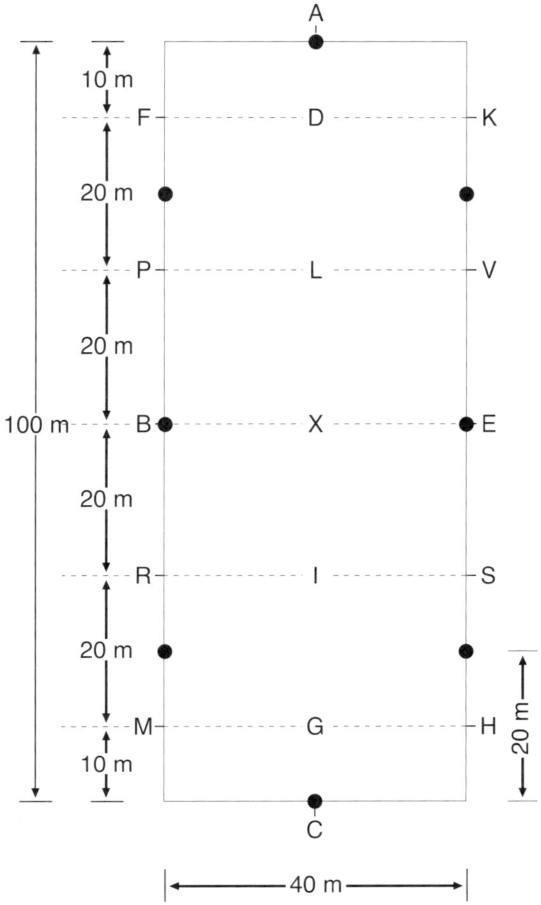

● Zirkelpunkte

Druck: Oktober 2017

Dressurviereck 40 x 100 m

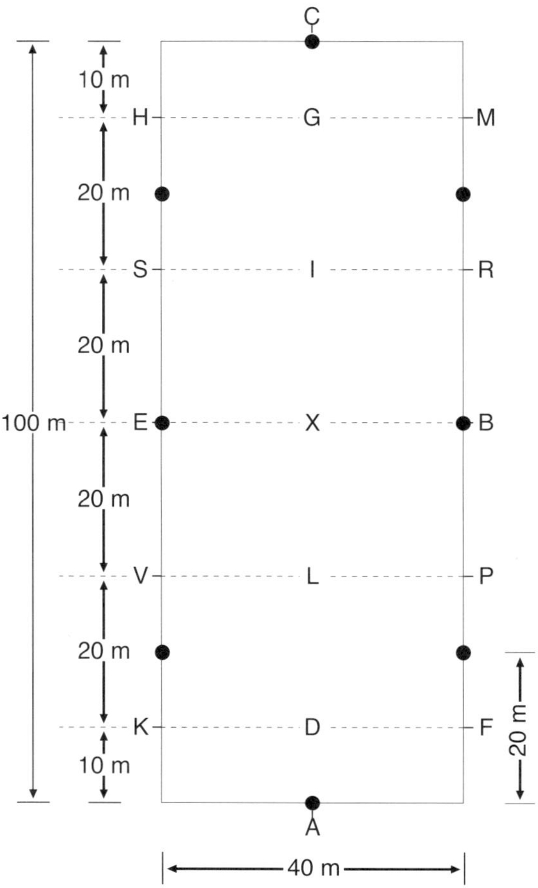

● Zirkelpunkte

Dressurviereck 40 x 80 m

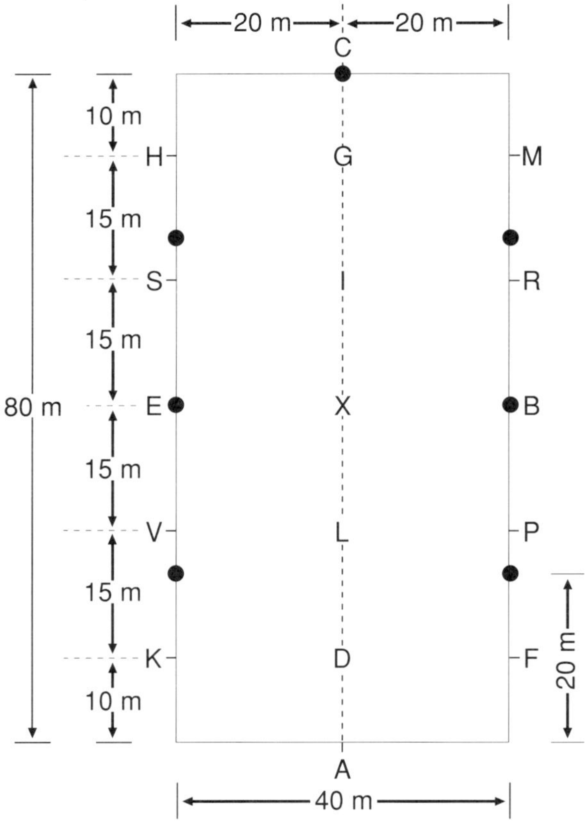

● Zirkelpunkte

VI. Dressurvierecke 40 x 80 m und 40 x 100 m

Viereck 40 x 80 m:	bitte ausklappen!
Viereck 40 x 100 m:	bitte ausklappen, entnehmen, drehen und wieder einheften!

Wenn Sie diese Karte ausklappen (beim Dressurviereck 40 x 100 m die Seite vorher drehen), ist es Ihnen möglich, zu jeweils jeder Dressuraufgabe nebenliegend das entsprechende Viereck zu nutzen!

Nur Inhalt (ohne Ordner)

FNverlag
der Deutschen
Reiterlichen Vereinigung
Warendorf

ISBN 978-3-88542-418-5

9 783885 424185